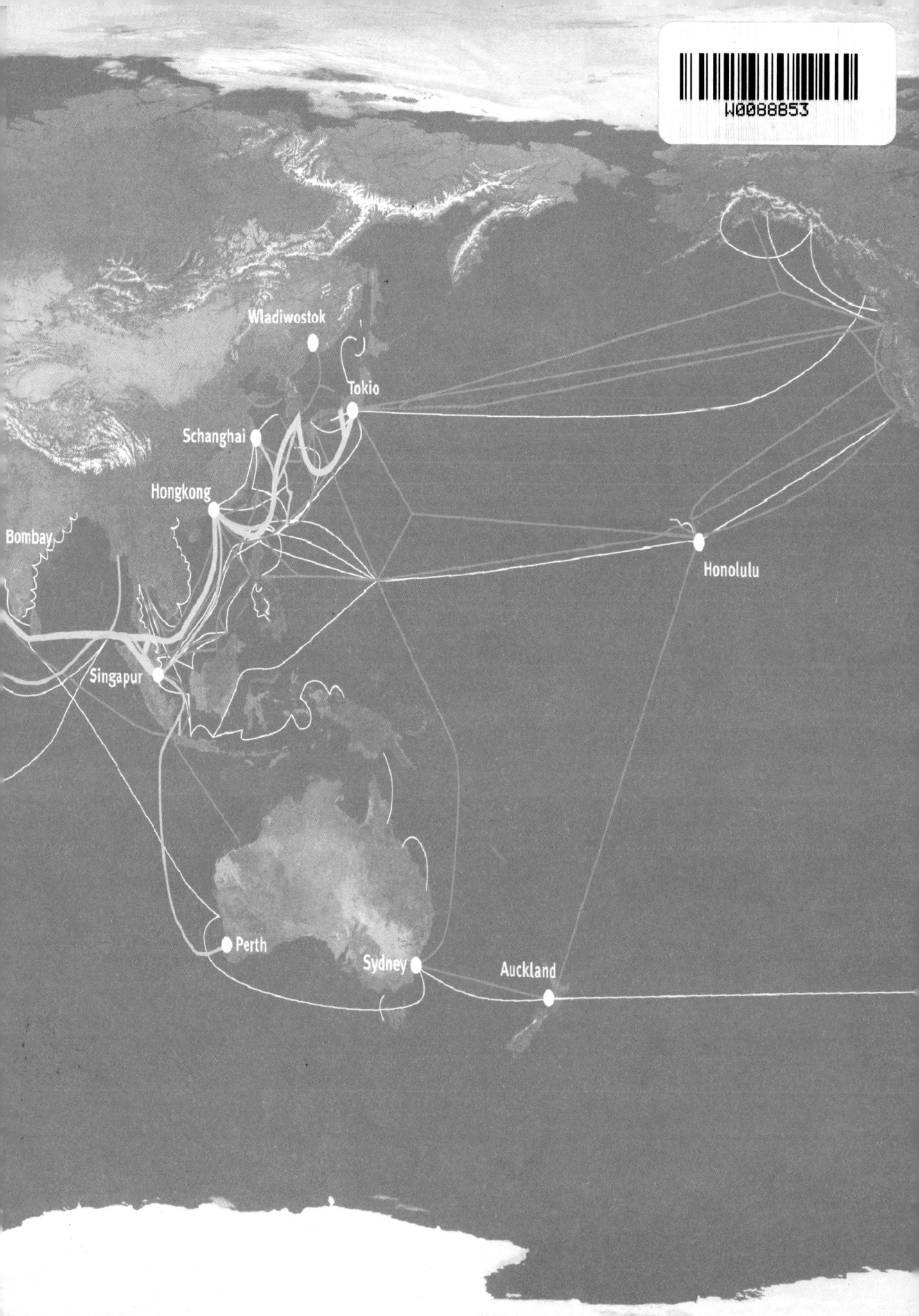

Das Internet
Surfen im Computernetz

Von Christof Hafkemeyer

Illustriert von Manfred Kostka,
Ulrich Knauer und Johannes Blendinger

Die Tessloff-Homepage im Internet.

Vorwort

Früher einmal saßen die Menschen ganz allein vor ihren Computern und schrieben Briefe, die sie dann in einen Umschlag steckten und in den Briefkasten warfen. Oder sie spielten Computerspiele gegen sich selbst. Oder sie lasen am Morgen in der Zeitung über Ereignisse, die bereits am Tag zuvor passiert waren. In Zeiten von Online und Internet hat sich das geändert. Auf den ersten Blick sitzt man zwar immer noch allein vor dem PC, doch das Tor zur Welt ist dank Modem und ISDN-Karte weit offen. Das Internet öffnet eine Welt, in der unser Alltag eng mit dem Computer verbunden ist. Briefe werden zu elektronischen Mails, Unterhaltungen mit Menschen, die irgendwo auf der Welt leben, finden als Online-Chat über die Tastatur statt. Und wenn irgendwo auf der Welt etwas geschieht, kann man nur wenige Minuten später etwas darüber im Internet lesen oder sogar sehen und hören.

Das Internet gibt es erst seit relativ kurzer Zeit – und dennoch gehen viele Menschen auf der ganzen Welt schon ganz selbstverständlich mit diesem neuen Medium um. Gleichzeitig verändert sich das Internet jeden Tag. Neue Inhalte und technische Weiterentwicklungen machen es Tag für Tag zu einer spannenden Sache. Was das Internet ist, wie es sich entwickelt hat und was man (zur Zeit) alles damit machen kann, soll dieses Buch zeigen. Es ist ein Blick in unsere Zukunft. Was sich vor wenigen Jahren noch niemand vorstellen konnte, ist eingetreten: Das Internet wird unser Leben begleiten und wahrscheinlich in wenigen Jahren eine noch wichtigere Rolle spielen als heute das Fernsehen.

Christof Hafkemeyer

■ Dieses Buch ist auf chlorfrei gebleichtem Papier gedruckt.

BILDQUELLENNACHWEIS:

ILLUSTRATIONEN/GRAFIKEN:

COVER: Uli Kauer

INNENTEIL: Johannes Blendinger: S. 10, 13 o., 14, 18/19, 21 u., 23 o., 27 o., 27 r.u., 29 u., 30 o., 42, 46 r.o., 61, 64; Jörn Hennig: S. 10/11; Uli Knauer: S. 12/13; Manfred Kostka: S. 3, 4/5, 7, 8, 20/21 o., 22/23 u., 26/27, 32/33, 38/39, 50/51, 53, 56/57, 60.

FOTOS/SCREENSHOTS: AOL: S. 31, 36; Arizona Guide: S. 10; Cornelsen Software: S. 59; Compuserve: S. 35, 54 u.; Cyber Patrol: S. 25; Deutsche Telecom/T-Online: S. 34; dpa, Frankfurt: S. 15; Egmont Interactiv: S. 24 o.; Elsa GmbH Aachen: S. 29, 30; DENIC, Karlsruhe: S. 45; Thomas Hupp, Nürnberg: S. 16 r.; IBM Deutschland: S. 17; Java: S. 57 o.; MSN: S. 24 u., 28 o., 37; NASA: S. 47; Netscape: S. 28 u., 40 u., 54 u., 55 o.; Oracle Deutschland GmbH: S. 58; Sikids: S. 40 o.; Softwarearchiv Universität Karlsruhe: S. 52; Tessloff Verlag: S. 6, 22, 41, 44; Uni Hannover: S. 49 o; Web.de/: S. 48; Yahoo! Deutschland: S. 9; Yahooligans!: S. 49 u.

Inhalt

Die weite Welt der Information und Kommunikation

<table>
<tr><td>

Was ist das Internet?

</td></tr>
</table>

Die Klasse von Nick soll in Projektgruppen Referate erarbeiten. Dabei soll jedes Gruppenmitglied auf verschiedene Weise Informationen zum jeweiligen Thema suchen. Anschließend sollen die Ergebnisse dann zusammengetragen werden. Nicks Gruppe hat den Auftrag, eine Arbeit über die Navajo Indianer zu schreiben. Da sein Vater einen Internet-Anschluss hat, soll Nick in dem weltweiten Computer-Netzwerk nach Informationen zu diesem Thema suchen.

Nick macht es Spaß, im Internet zu **surfen**. Nach dem Abendessen um 18 Uhr setzt er sich an den Computer. Sein Vater hat ihn schon oft ermahnt, nicht vor sechs Uhr abends **online** zu gehen. Denn die Verbindung zum Internet erfolgt über das Telefon und telefonieren ist – wie jeder weiß – ab 18 Uhr viel billiger als tagsüber.

Nick schaltet den Rechner und das **Modem** ein, lädt das Programm, mit dessen Hilfe er ins Internet kommt und lässt das Modem eine Telefonnummer in seiner Heimatstadt Köln wählen. Nick hat Glück, in einer Großstadt zu wohnen. Dort hat er keine Schwierigkeiten, zum Ortstarif einen Internet-Anschluss zu bekommen.

Mit lautem Gefiepe stellt das Modem eine Verbindung her und nach dem Abrufen der persönlichen Zugangsdaten von Nicks Vater kommt die Meldung „connected", verbunden. Jetzt kann Nick seinen **Web-Browser**, das ist die Software, mit der man Zugang zu einem ganz bestimmten Dienst des Internets, das **World Wide Web**, bekommt, aufrufen, und los gehts.

SURFEN

Surfen kennt man eigentlich nur vom Wassersport. Man sagt aber auch, man surft im Internet, wenn man von Internet-Seite zu Internet-Seite springt.

ONLINE

Wenn man eine Verbindung mit dem Internet aufgebaut hat, ist man „online". Beispiel einer Online-Verbindung: Man ruft sich aus einer Datenbank über die Telefonleitung Informationen ab. Im Gegensatz dazu geschieht die Verarbeitung von Daten „offline" nur auf dem eigenen Rechner, beispielsweise wenn die Datenbank auf einer CD-ROM im Laufwerk des eigenen Computers liegt.

Dank des Internets ist es kein Problem, von Kontinent zu Kontinent zu springen.

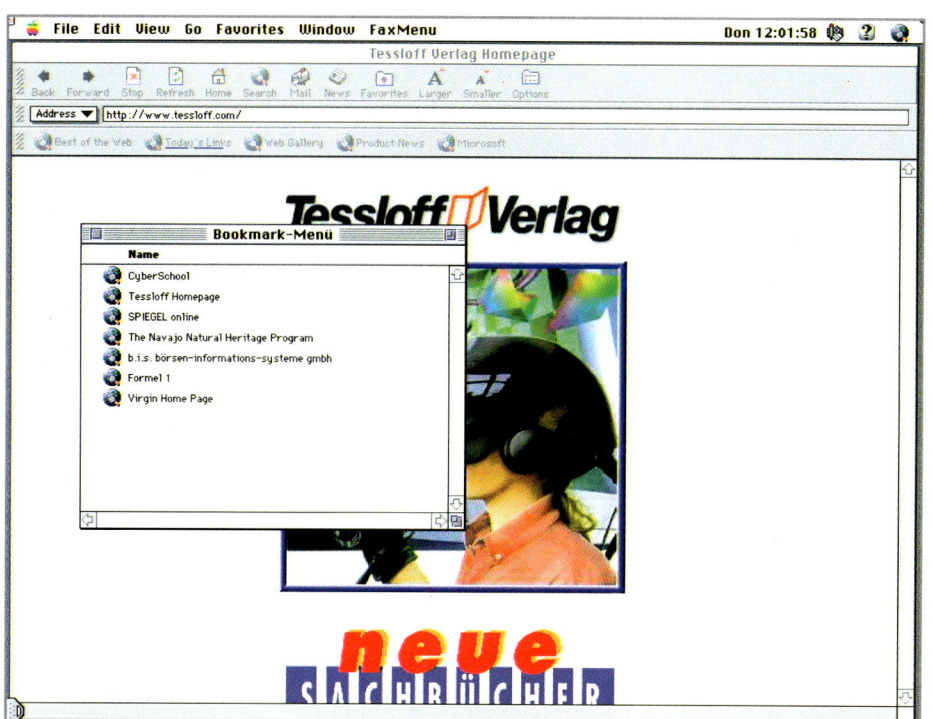

File Edit View Go Favorites Window FaxMenu   Don 12:01:58

Tessloff Verlag Homepage

Back Forward Stop Refresh Home Search Mail News Favorites Larger Smaller Options

Address ▼ | http://www.tessloff.com/

Best of the Web   Today's Links   Web Gallery   Product News   Microsoft

Tessloff Verlag

Bookmark-Menü

Name

- CyberSchool
- Tessloff Homepage
- SPIEGEL online
- The Navajo Natural Heritage Program
- b.i.s. börsen-informations-systeme gmbh
- Formel 1
- Virgin Home Page

neue
SACHBÜCHER

Mit Hilfe von Bookmarks speichert man Adressen von Internet-Seiten, die man immer wieder an-
steuert, auf der Festplatte des eigenen Rechners. Klickt man mit der Maus solche „Lesezeichen" an,
ruft die Internet-Software die dazu gehörende Seite sofort auf.

WEB-SITES

oder kurz Sites (englisch: Platz) bestehen aus zwei oder mehreren miteinander verbundenen Seiten im Web. Sites sind bestimmte Stellen oder Adressen im Web, wo man bestimmte Inhalte findet. Unter der Web-Site einer Buchhandlung findet man zum Beispiel Informationen über die neuesten Bücher. Manche Sites bestehen nur aus wenigen Seiten, andere wiederum aus hunderten oder tausenden von Seiten.

Bevor Nick aber auf die Suche nach Informationen über den Indianerstamm geht, schaut er in seinem **elektronischen Briefkasten**, der **Mailbox**, nach, ob er oder sein Vater neue elektronische Post bekommen haben. Und siehe da, neben einer Werbung für neue Software und der täglichen Fernsehvorschau, die sich Nicks Vater nach seinen Wünschen zusammenstellen und in seinen elektronischen Briefkasten schicken lässt, ist auch etwas für Nick dabei. Seine Klassenkameradin Annika ist für ein Jahr auf einer amerikanischen Highschool und möchte heute abend mit ihrem Freund in Köln **telefonieren**. Übers Internet versteht sich, denn ein Gespräch per Telefon wäre viel zu teuer für die beiden Schüler. Nick schaut auf die Uhr: Noch eine halbe Stunde bis zum vereinbarten **Net Talk**. Also jetzt flugs noch einige Seiten angeschaut und dann muss Nick auch schon alles vorbereiten für sein Gespräch mit den USA.

Nick hat eine Menge Lieblingsseiten im Internet. Man nennt diese „Internetseiten" auch **Web-Sites**. Jede dieser Sites hat eine bestimmte **Adresse**, die man mit dem Rechner anwählt. Die Adressen für diese Angebote hat sich Nick natürlich nicht alle gemerkt, sondern als sogenannte **Bookmarks** im Bookmark-Menü seines Rechners abgelegt. Ein Bookmark ist eine Art Lesezeichen, mit dessen Hilfe ein Internet-Nutzer seine Lieblingsangebote im weltweiten Netzwerk markieren kann. In der Internet-Software tauchen diese Bookmarks im Menü „Favoriten" auf. Eine von Nicks Lieblingsseiten ist die einer amerikanischen Plattenfirma. Dort hört sich Nick immer die neueste Musik an, denn – auch Musik hören ist über das Netz möglich. Seit kurzem kann er sich sogar Videos übers Internet anschauen. Er ruft das Angebot der Plattenfirma auf, schaut nach, was es Neues gibt, und schon klickt er auf einen **Link**, so heißt die Verbindung zu

HOMEPAGE

Die Homepage ist der Startpunkt einer Web-Site, also sozusagen die Titelseite. Die Homepages sind meistens sehr bunt und aufwendig gestaltet, um die Aufmerksamkeit der Web-Surfer auf sich zu ziehen. Meistens wird hier der Inhalt der Site kurz vorgestellt, und es gibt Links zu den anderen Seiten der Site.

einer weiteren Internet-Seite, und ruft sich den neuesten Song seiner Lieblingsband ab. Ein Zusatzprogramm wird gestartet, und sofort erklingt aus den Lautsprechern von Nicks PC Musik. Dazu wird ein Video in einem Fenster abgespielt. Es ruckelt zwar etwas und es ist auch etwas verschwommen, aber immerhin. Als der Song vorbei ist, markiert Nick den Titel und die dazugehörende CD und wechselt über den Menüpunkt „Favoriten" seiner Software die **Homepage** zu seinem Lieblingsplattenladen. Der hat kein Geschäft um die Ecke, sondern sitzt in den USA. Auch dort hat er kein richtiges Plattengeschäft, sondern nur eine riesige Lagerhalle. Will man eine CD kaufen, so muss man sie übers Internet bestellen. Geliefert wird sie dann ganz normal per Post. Nach bestimmten Bands sucht man in der riesigen Internet-Datenbank, die Beratung geschieht per **E-Mail**, das ist ein elektronischer Brief, und anhören kann man sich die CDs auch. Bezahlt wird dann normalerweise mit Kreditkarte – man gibt seine

Nummer an und das Geld wird dann automatisch abgebucht. Da Nick aber noch keine Kreditkarte hat, legt er die gewünschte CD in einer Art Warenkorb ab. Dieser Warenkorb ist natürlich kein richtiger, sondern der Computer speichert eine Ware, die man sich ausgesucht hat. Später will er seinen Vater fragen, ob er die Platte kaufen darf.

In diesem Augenblick kommt Nicks Vater und sieht, dass sein Sohn online ist. „Lass mich mal eben", sagt er zu Nick und geht in sein eigenes Bookmark-Menü. Dort hat er ebenfalls seine Lieblingsseiten abgelegt. Beispielsweise die Aktienkurse, die jede Viertelstunde aktualisiert werden. Oder die Online-Ausgabe einer Wochenzeitung, die jeden Tag neue Meldungen ins Internet stellt. Im Moment sucht Nicks Vater aber nach einem Buch, das ganz neu erschienen sein soll. Auf der Internetseite einer Buchhandlung in Köln tippt er den Titel

Telefonieren übers Internet:
Es gibt bereits Computer, an die man
statt Lautsprecher und Mikrofon einen
Telefonhörer anschließen kann
und so „richtig" telefonieren kann.

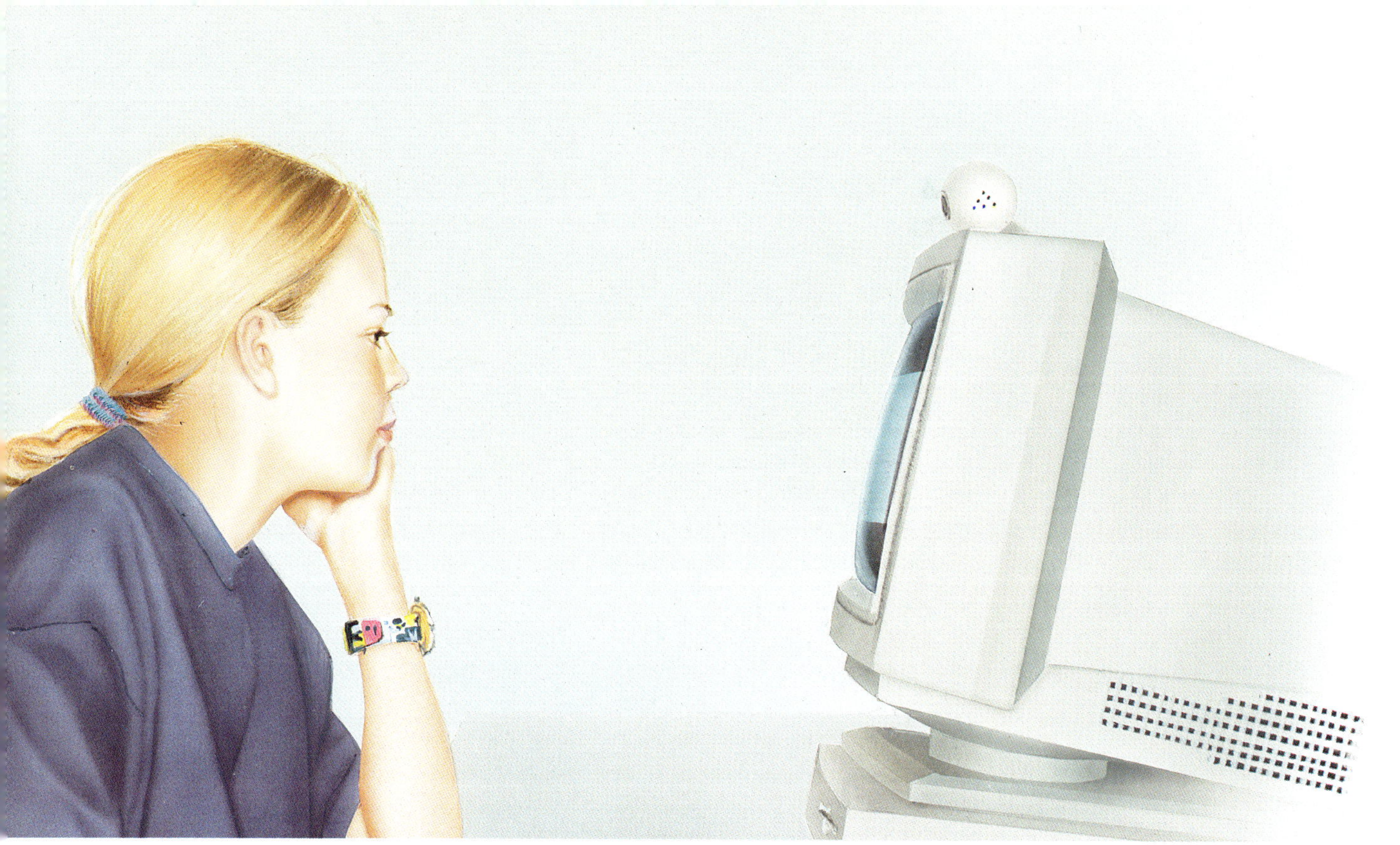

Die Faszination des Internet: Mit Hilfe einer kleinen Kamera, die oben auf dem Bildschirm steht, kann man sogar Bilder aus dem eigenen Wohnzimmer übers Internet schicken.

des Buches ein und lässt die Software im tagesaktuellen Buchbestand suchen. Nachdem er den Titel tatsächlich gefunden hat, schaut Nicks Vater nach, ob das Buch in dem Laden vorrätig ist. Da an der betreffenden Stelle auf der Internetseite ein „Ja"-Kreuz ist, lässt er sich das Buch reservieren und gibt das Datum an, wann er es bei der Buchhandlung abholen will. Anschließend holt er sich sein persönliches Fernsehprogramm aus seiner Mailbox und geht noch auf die **Homepage** eines Kölner Privatsenders. Dort findet er alle Informationen zu seinem Lieblingssport, Formel Eins. Neben den Sendezeiten und vielen Informationen zu den Piloten sucht Nicks Vater die Beschreibung des nächsten Rennkurses. Zu diesem Rennen will er am liebsten hinfliegen. Also „blättert" er zur nächsten Internetseite, einem Reisebüro, und erkundigt sich nach dem billigsten und schnellsten Weg. Nick ist inzwischen schon etwas genervt, er will endlich mit An-

nika **telefonieren**. Sein Vater schaut nur noch schnell, ob noch ein Hotelzimmer zu bekommen ist. Auf der Internet-Seite des Reisebüros sind eine ganze Reihe von Hotels aufgeführt. Tatsächlich, ein Hotel mit eigener Internet-Site hat noch Zimmer frei – allerdings nicht mehr viele, Nicks Vater muss sich also schnell entscheiden. Bevor er das Hotel bucht, schaut er sich die Zimmer an. Mit Hilfe der Computermaus bewegt er sich durch die **virtuelle** Hotelanlage. Nicks Vater ist zufrieden mit der Unterkunft und schickt per E-Mail seine Zimmerbestellung an das Hotel.

Jetzt ist es aber Zeit für Nick, seine Freundin Annika anzurufen. Dazu schließt Nick ein Mikrofon an den Computer an, ruft ein Zusatzprogramm auf und trägt die Internetadresse seiner Klassenkameradin in ein Textfeld ein. Nach dem Mausklick auf ein „Call-Feld" meldet ihm das System, dass Annika bereit ist, mit Nick zu telefonieren. Nick spricht ins Mi-

VIRTUELLE REALITÄT

Oft trifft man im Zusammenhang mit dem Internet auf den Ausdruck virtuelle Realität. Virtuelle Realität (Abkürzung: VR) heisst nichts anderes als „künstliche Wirklichkeit" und bezeichnet die von Programmierern geschaffene künstliche Welt, durch die man sich im Computer bewegt.

Mit Datenhelm und -handschuhen kann man völlig in die VR eintauchen.

Neu

Der Suchdienst Yahoo bietet die Möglichkeit, in Themenschwerpunkten zu suchen (unten) beziehungsweise einen Begriff einzugeben, wie in diesem Beispiel „Navajo", und so die riesige Datenbank zu durchsuchen.

krofon: „Hi Annika, wie geht's?" Die Nachricht wird nun über die Datenleitung an Annika gesendet. Die muss warten, bis die Datei angekommen ist, ehe sie ihrem Freund antworten kann. Das hört sich etwas mühselig an, telefonieren über das Internet ist aber deshalb so interessant, weil man sich zum Ortstarif ins Netz einwählen kann; die Verbindung nach USA kostet dann nur so viel wie ein Ortsgespräch.

Nick und Annika sprechen eine halbe Stunde miteinander und wissen danach, was der andere so treibt. Besonders interessant fand Nick die Geschichte von Buddy Net, die Annika ihm erzählte. In den USA ist man

surfen kann, weil sein Vater selber ein Internet-Fan ist und sie deshalb einen Anschluss zu Hause haben.

Zum Schluss vereinbaren die beiden Freunde noch eine Partie Schach, die sie in der nächsten Woche übers Internet spielen wollen.

Jetzt wird es aber Zeit für Nick, sich Informationen zu seinem Referat zu organisieren. Dazu geht er erst einmal zu einer zentralen Anlaufstelle im Internet, einer sogenannten **Suchmaschine**. Das ist ein Programm, mit der man im Internet etwas Bestimmtes suchen kann – zum Beispiel alles über die Navajo-Indianer. In das Eingabefeld gibt Nick den Begriff „Navajo" ein und lässt die Maschine im riesigen Internet nach Informationen suchen. Geboten bekommt Nick anschliessend eine Liste mit fast 80 Angeboten. Interessant sind für ihn aber nur wenige dieser Adressen. Viele haben nur entfernt mit den Navajo Indianern zu tun, einige Firmen auf der Welt heissen so oder viele benutzen den Namen auch nur auf ihren Internet-Seiten, weil er so schön klingt.

Zum Glück findet Nick nach dem Durchforsten von

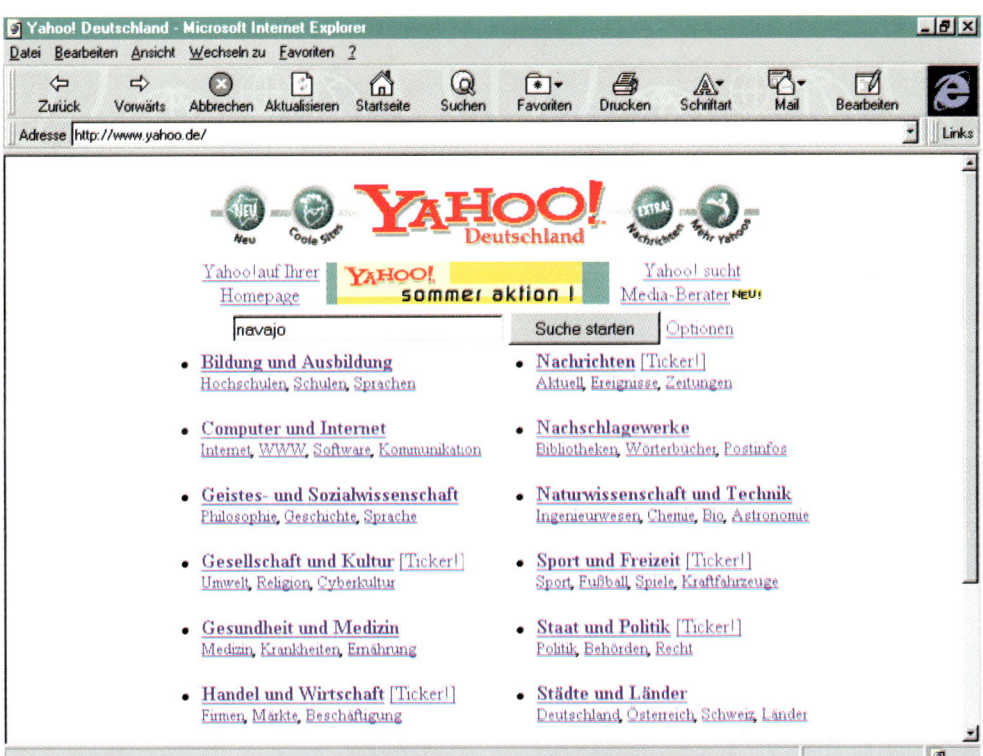

schon viel weiter, was die Ausstattung der Schulen mit Internet-Zugängen angeht. Im US-Bundesstaat Indiana gibt es ein Netzwerk, besagtes Buddy Net, in dem sich Schüler treffen, zusammen Schularbeiten machen, miteinander spielen und eigene Web-Seiten ins Internet stellen. „Wären wir doch schon so weit", denkt Nick, der nur deshalb ab und zu im Internet

vier Angeboten eine Seite, auf der auch Links zu anderen Internetseiten zum Thema Navajo aufgeführt sind. Immer wenn Nick interessante Informationen gefunden hat, kopiert er sich die Texte in sein Textverarbeitungsprogramm und schreibt die Quelle dazu. Nach einer halbstündigen Suche hat Nick eine ganze Menge ungeordneter Informationen über

die Navajo Indianer gesammelt. Eigentlich fehlen ihm nur noch genaue Angaben über die Bevölkerungsstruktur des Reservats, in dem der Stamm heute lebt. Da er keine Lust hat, weiter zu suchen, schreibt er der Reservatsverwaltung, die ebenfalls eine Seite im Internet hat, eine E-Mail mit der Bitte, ihm die Daten möglichst schnell nachzuliefern. Zum Schluss will Nick noch prüfen, ob es Internet-Seiten gibt, die sich auch in deutscher Sprache mit seinem Thema beschäftigen. Dazu geht er zu dem Angebot eines Suchdienstes, der deutsche Angebote durchforstet, und lässt dort nach dem Begriff Navajo suchen. Und siehe da, neben einer Menge unbrauchbarer Seiten gibt es tatsächlich deutsche Seiten, die sich mit dem Indianerstamm beschäftigen. Eine davon ist besonders interessant. Sie wurde von einem Nachkommen der Navajo-Indianer gestaltet, der jetzt in Deutschland lebt. Als Nick sieht, dass der Indianer in der Nähe von Köln wohnt, schreibt er ihm eine E-Mail und lädt ihn ein, vielleicht einmal zu einem Vortrag Nicks Schule zu besuchen. Beinahe hätte er etwas vergessen. Nick hatte noch den Auftrag, möglichst aktuelle Karten über das Navajo-Reservat im US-Bundesstaat Arizona zu besorgen. Die Karten in ihren Schulbüchern waren alle schon einige Jahre alt. Der Staat Arizona hat natürlich auch eine Internet-Homepage. Dort gibt es ein umfangreiches Angebot von offiziellen Karten, die sich Nick entweder ausdrucken oder auf seinen Rechner laden kann. Nick entscheidet sich dafür, die Karte auf seinen Computer **downzuloaden**, herunterzuladen.

So, nun ist Nick fertig. Er hat über zwei Stunden im Internet verbracht. Es ist für ihn eine eigene Welt, eine

Die Stärke des Internets ist die schnelle Lieferung von umfangreichen und sehr speziellen Informationen. In diesem Beispiel bietet der US-Staat Arizona für Besucher, die sich auf eine Reise in den Wüstenstaat vorbereiten wollen, detaillierte Informationen – natürlich auch über das Navajo-Reservat, über das Nick Fakten zusammensuchen soll.

neue Welt, in der er sich erst nach vielen Stunden zurecht gefunden hat. Doch inzwischen weiss er ganz genau, wie er sich dort bewegen kann und wo er welche Informationen findet.

Und nebenbei lernt er viele neue Dinge kennen. Natürlich auch viel Mist, denn viele Angebote haben keinen Nutzwert. Diese Internet-Seiten von den wirklich guten zu unterscheiden, ist für Nick die große Herausforderung. Und mit ihm für viele Millionen Menschen, die das Internet inzwischen regelmäßig als Informations- und Kommunikationsmedium nutzen. Es lässt sich nicht vergleichen mit dem Radio, dem Fernseher oder einer Zeitung. Es hat von allem etwas. Früher einmal gab es fast nur Texte und Bilder im Internet zu sehen. Inzwischen hat sich das grundlegend geändert. Webfunk, Webfernsehen oder Online-Zeitungen ersetzen aber keinesfalls die herkömmlichen Varianten, sie ergänzen diese nur. Kein **Medium** ist so aktuell, kein Medium bietet so individuelle Informationen, und kein Medium ist 24 Stunden lang immer für den Nutzer, den **User**, da. Egal ob er tagsüber um 15 Uhr oder um drei Uhr in der Nacht Informationen benötigt oder mit jemandem Kontakt aufnehmen will – das Internet bietet ihm rund um die Uhr diese Möglichkeiten. Natürlich gibt es eine Menge Probleme: Verstopfte Leitungen und dadurch langsame Verbindungen; ganz viele Internet-Seiten enthalten nur Blödsinn, weil im Prinzip jeder Mensch etwas öffentlich ins Internet stellen kann; für Firmen, die anspruchsvolle Inhalte ins Internet stellen, gibt es kaum Möglichkeiten, Geld dafür zu bekommen, da es die Nutzer seit Jahren gewohnt sind, für Angebote aus dem Internet nichts zu bezahlen. Alle diese Probleme werden erst nach und nach gelöst werden. Doch für viele ist die Entwicklung des Internet vergleichbar mit der Entwicklung des Fernsehers. Fast alle Menschen haben heute ein TV-Gerät. Vielleicht gibt es bald kaum noch Menschen, die keinen Internet-Anschluss haben.

Was kann das Internet?

Es ist schwer zu sagen, was das Internet alles kann und wozu es genutzt werden kann. Beinahe täglich kommen neue Funktionen und neue Zusatzprogramme hinzu, die die Leistungsfähigkeit des Internets erhöhen. Unternehmen auf der ganzen Welt arbeiten an neuer Software, um das Netzwerk noch einfacher und interessanter zu machen.

Wozu das Internet heute schon genutzt wird, zeigt das erste Kapitel. Ursprünglich wollte man nur Daten übertragen. Inzwischen hat sich das weltweite Netzwerk - dank des populärsten Teils des Netzwerks, des **World Wide Web** - zu einem echten Alleskönner gemausert. Man kann Texte übertragen, sich Software herunterladen, Radio hören, Fernsehsendungen verfolgen, mit Leuten **chatten**, telefonieren, elektronische Post empfangen, usw. In den nächsten Jahren werden diese Funktionen, die sich alle noch in den Kinderschuhen befinden, verbessert und ausgebaut.

Viele Menschen, die zum ersten Mal sehen, wie das Internet arbeitet, sind enttäuscht. Sie sind es gewohnt, mit der Fernbedienung Programme abzurufen und blitzschnell von Kanal zu Kanal zu springen. Das Internet erscheint dagegen eine lahme Angelegenheit, in dem umständlich Adressen eingegeben werden müssen, um dann zum nächsten „Programm" wechseln zu können. Der Bildaufbau ist lang-

CHATTEN

Kommt aus dem Englischen und bedeutet: mit Leuten reden oder plaudern. Plauderrunden in Netzwerken sind beliebte Freizeitbeschäftigungen. Es wird entweder über ein bestimmtes Thema geredet (zum Beispiel über ein Hobby) oder einfach über das, was einem so gerade einfällt. ONLINE-DIENSTE wie AOL bieten sogenannte CHAT-ROOMS an, in denen eine begrenzte Zahl von Nutzern miteinander reden können. Man unterhält sich mit Hilfe der Tastatur, also schriftlich. Auf dem Bildschirm können alle Teilnehmer der Chat-Runde das Gespräch verfolgen.

Auch beim Schulunterricht sind die vielseitigen Informationen aus dem Internet eine große Hilfe.

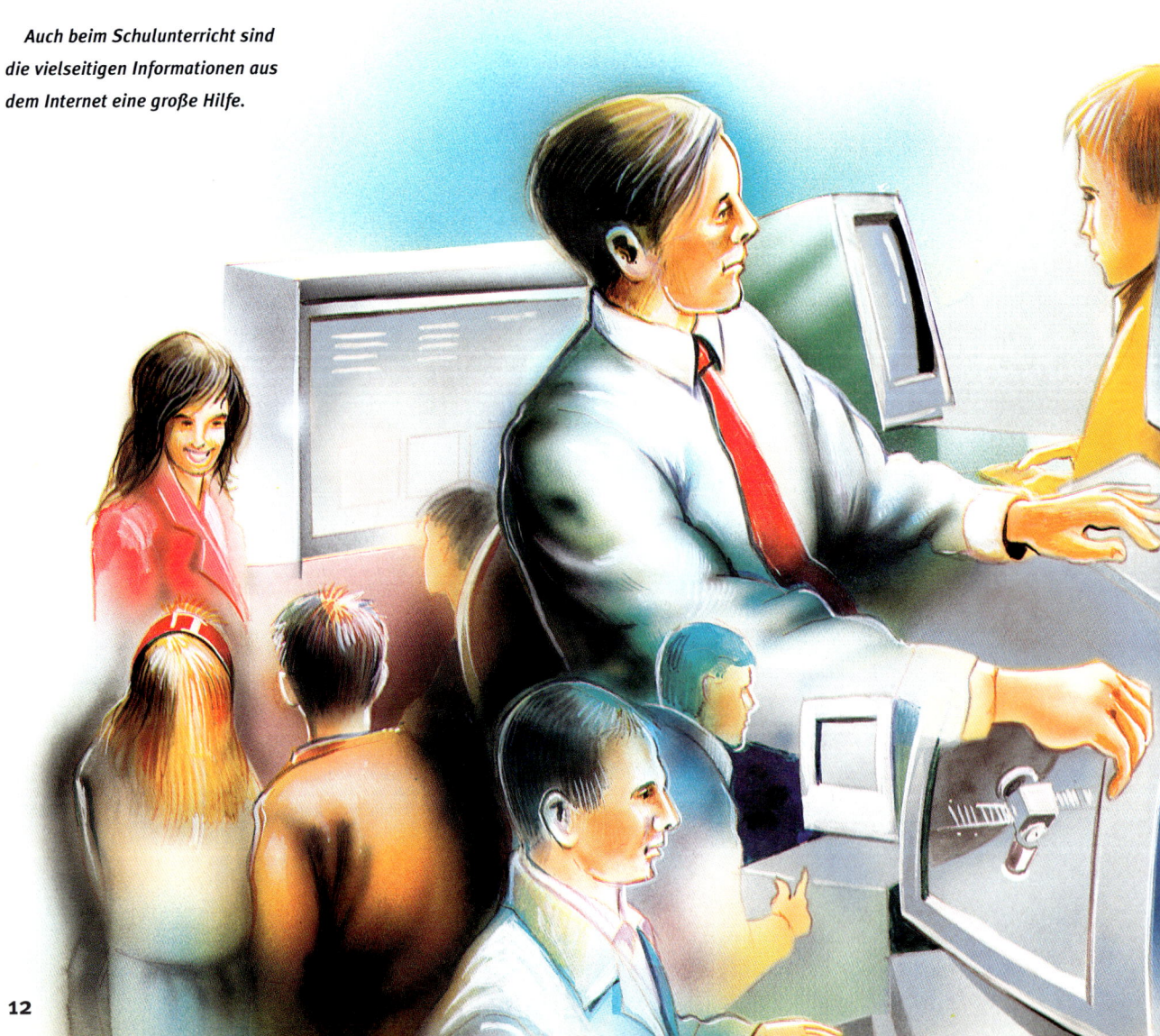

Es lässt sich nicht genau beziffern, wie viele Nutzer, sogenannte „User", das Internet nutzen. Klar ist nur, dass es ständig mehr werden. Mitte 1997 sollen weltweit etwa 40 Millionen Menschen an das Internet angeschlossen sein. In Deutschland sind es fast drei Millionen. Genutzt wird das Internet vornehmlich von Hochschulen und Forschungseinrichtungen, Unternehmen und Privatleuten, nachdem es früher einmal fast ausschließlich von Computerexperten genutzt worden war.

40 Mio

30

20

1990   1997

sam, die Angebote inhaltlich oft nicht gut. Alles das ändert sich oder wird sich ändern. Wenn man bedenkt, das es den **multimedialen** Teil des Internet erst seit 1992 gibt, kann man sich vorstellen, was es noch alles für Entwicklungsschritte geben wird, bis sich dieses **Medium** zu einem Massenmedium entwickeln wird. Eines ist es aber heute schon: Das Medium mit dem größten frei verfügbaren Wissen der Welt.

Viele Forscher glauben, dass das Internet unser Leben verändern wird. Es wird daran gearbeitet, den riesigen Berg von Informationen, der über das Internet zu uns kommt, in die richtigen Bahnen zu lenken. Jeder Nutzer sollte nur die Informationen bekommen, die er wirklich braucht oder die er haben

Millionen von Menschen nutzen täglich die Dienste des Internet.

Ingenieure, Architekten und Wissenschaftler versorgen sich mit Informationen aus aller Welt.

Ärzte rufen sich Informationen aus dem Med-Net, das das Neueste aus der Medizin bringt.

will. Wie moderne Suchmaschinen helfen, uns im **World Wide Web** (WWW) zu orientieren, zeigt das Kapitel 4. Ohne solche Suchsysteme würden wir uns gar nicht mehr zurecht finden im Internet. Denn anders als im Fernsehen kann sich jeder einen eigenen „Kanal" leisten. **Online-Dienste** bieten ihren Mitgliedern an, eigene Seiten ins Internet zu stellen. Es ist heute für jeden Internet-Nutzer ein Kinderspiel, eigene **Web-Seiten** zu entwerfen. Wie viele Web-Seiten auf tausenden von Internet-Rechnern in der ganzen Welt bereitliegen, weiß niemand. Jeden Tag kommen hunderte von Angeboten hinzu.

Es gibt natürlich noch eine Menge anderer Unterschiede zwischen dem Internet und dem Fernsehen. Ein wesentlicher Unterschied ist, dass man das Internet aktiv nutzt. Viele sagen zu diesem Vorgang auch **Interaktivität**. Vor dem Fernsehbildschirm sitzt man mit der Fernbedienung und klickt sich durch die Programme. Vor dem Computerbildschirm mit Verbindung zum Internet sitzt man und klickt sich durch Seiten, muss entscheiden, welcher Spur man nachgeht, schreibt **E-Mails** an Leute, die überall auf der Welt sitzen, schreibt Meldungen für eine **Newsgroup**, das schwarze Brett des Internet usw. Man muss selbst entscheiden, welche der zahlreichen Möglichkeiten des weltweiten Netzwerks man nutzt und welche nicht.

In den meisten Bereichen ist das Internet, oder besser gesagt das World Wide Web, nur ein riesiges Werbeinstrument für Firmen und Privatleute. Überall auf Web-Seiten blinken inzwischen Logos von Firmen, die angeklickt werden sollen. Inhaltlich gut gemachte Internet-Angebote erkennt man daran, dass sie dauernd verändert werden, dass auf diesen Seiten ständig etwas passiert. Für viele Menschen ist das Internet ein Weg, schnell und unkompliziert mit anderen Menschen oder sogar Firmen Kontakt aufzunehmen. Das Internet ist ein riesiges Informations- und Kommunikationsmedium, über das man überall in der Welt Menschen finden kann, die die gleichen Interessen und Hobbys haben. Trotz aller neuen Funktionen und Möglichkeiten: Sich zu informieren und mit anderen Menschen Kontakt aufzunehmen sind weiter die beiden wesentlichsten Funktionen, warum die meisten Online-Fans ins Internet gehen.

INTERAKTIVITÄT

Viele Menschen sagen, das Internet sei ein „interaktives Medium". Das ist nur bedingt richtig. Interaktivität gibt es eigentlich nur zwischen Menschen. Es ist nämlich die selbstständige Reaktion auf das, was ein anderer Mensch macht. Ein Beispiel: Zwei Menschen streiten sich. Der eine sagt dem anderen, dass er ein Blödmann sei. Nun hat der andere eine ganze Reihe von Möglichkeiten, zu reagieren. Er kann wütend zurückschimpfen. Er kann ganz ruhig bleiben und dem anderen erläutern, warum er kein Blödmann ist usw. Mit einem Computer kommuniziert man insofern interaktiv, als dass man immer wieder auf das reagiert, was der Rechner macht. Diese Interaktivität ist einseitig. Die Maschine macht nur das, was man ihr eingibt. Der Mensch ist derjenige, der verschiedene Möglichkeiten hat, auf seinen Computer zu reagieren.

Software herunterladen

Informationen einholen (z.B. über Datenbanken)

Zeitschriften lesen

Wozu wird das Internet genutzt
Fast 80 Prozent aller Menschen in Deutschland, die einen Internet-Anschluss haben, nutzen das Netzwerk, um E-Mails zu verschicken. Weitere Funktionen, die zur Zeit besonders stark genutzt werden:

Einkaufen

An Newsgroups teilnehmen oder mit anderen Nutzern chatten

Weiterbildung

Das Internet hat sich von einem Computer-Netzwerk für Militärs (oben das Pentagon, das US-Verteidigungsministerium) zu einem Informationsmedium für Wissenschaftler und Privatleute entwickelt.

KOMMUNIKATION:

Wenn man mit einer Person redet, telefoniert oder brieflich Kontakt hat, „kommuniziert" man. Kommunikation zwischen Computern umschreibt man als Austausch von Daten, Informationen in digitaler Form. Es gibt dabei verschiedene Formen und Ebenen. Hinterlegt man beispielsweise Informationen in einer Newsgroup, dem elektronischen Anschlagbrett des Internet, können viele unbekannte Nutzer auf diese Information zurückgreifen. In FOREN, virtuellen Plauderrunden zu einem bestimmten Thema, kommuniziert man „live" mit anderen Nutzern, die man aber nicht sieht. Ein direkter Weg ist die Kommunikation über E-Mail. Elektronische Post zu versenden und zu empfangen ist in Deutschland zur Zeit die beliebteste Funktion des Internets.

Wie ist das Internet entstanden?

Wenn wir heute über das Internet sprechen, meinen wir meist nur einen kleinen Teil dieses weltweiten Computer-**Netzwerks**, nämlich das **World Wide Web** oder kurz **WWW** oder **Web** (siehe Kapitel 4). Ein weit verbreiteter Irrtum ist, dass das Web das Internet ist. Es ist aber wie gesagt nur ein Teil davon, nämlich der, der optisch attraktiv aufgemacht ist und mit Multimedia-Funktionen ausgestattet ist. Das Web gibt es erst seit 1992. Mit dem WWW begann der Siegeszug des Internet als Informations- und Kommunikationsmedium für Jedermann. Seitdem nutzen auch Privatleute intensiv das Internet.

Die Anfänge des Internet liegen jedoch viel weiter zurück. Bereits in den 60er-Jahren machte sich das Verteidigungsministerium der USA Gedanken darüber, wie es ein **Kommunikationssystem** schaffen könnte, das auch funktioniert, wenn Teile von ihm zerstört würden. Die Lösung: Man instal-

lierte im ganzen Land **Hosts**, das sind Großrechner, und vernetzte diese mit Hilfe von kleineren Computern untereinander. Beim Ausfall eines Teils dieses Netzwerks konnte der Rest weiter Daten austauschen. Auf diesem System beruht noch heute das Internet, nur dass heutzutage nicht Großrechner miteinander verbunden sind, sondern viele lokale und unabhängige Netzwerke von Computern. Die Projektgruppe, die vom Verteidigungsministerium mit dem Aufbau eines solchen Netzwerks betraut worden war, hieß „Advanced Research Projects Agency" oder abgekürzt ARPA. Deshalb hieß diese erste Version des Internet **Arpanet**.

Sehr schnell interessierten sich dann Wissenschaftler an den Universitäten für ein solches Netzwerk. Universitäten und Forschungseinrichtungen haben unterschiedliches Wissen auf ihren Computern und lokalen Netzwerken innerhalb des Unigeländes gespeichert. Damit Wissenschaftler an die Informationen ihrer Kollegen herankommen, ist ein

Computer-Netzwerk, über das viele Forschungsinstitutionen miteinander landes- oder sogar weltweit verbunden sind, natürlich ideal. Die Daten liegen auf sogenannten **File Servern**, das sind Computer, die als Speicher für Dateien dienen und auf die viele Nutzer zugreifen können. Und noch ein anderes Argument sprach für die Vernetzung von Computern: Für viele komplizierte wissenschaftliche Berechnungen braucht man Computer mit großer Rechenleistung. Nicht jede Universität kann sich einen solchen Computer leisten. Was liegt also näher, als irgendwo einen teuren und leistungsfähigen Rechner zu installieren, auf den von mehreren Stellen im ganzen Land zugegriffen werden kann? Daten werden über Fernleitungen auf den schnellen Rechner übertragen. Dort können die komplizierten Auswertungen und Berechnungen durchgeführt werden. Die Ergebnisse werden dann zum Ursprungsrechner, an dem ein Wissenschaftler auf die Daten wartet, zurückgeschickt.

Zunächst aber mussten die Großrechner, auf denen Daten und Anwendungen „lagern", im neuge-schaffenen Arpanet über leistungs-fähige Datenleitungen miteinander verknüpft werden. Kleinere Computer für die Nutzer mussten dann mit den **Hosts** über Telefonleitungen verbunden werden. Im Januar 1969 war es dann soweit. Das erste Mal war es möglich, **Telnet** und **FTP** (siehe Kapitel 5), die ersten beiden Funktionen des Internet, zu nutzen.

Als nächste Anwendung kam **E-Mail**, die elektronische Post, hinzu. Es wurde erfunden, weil zwei Programmierer nicht nur Daten, sondern auch Nachrichten untereinander austauschen wollten. Eine E-Mail ist nichts anderes als ein elektronischer Brief, das heißt eine Datei, die per Datenleitung an einen bestimmten Adressaten geschickt wird und die eine Nachricht enthält. Dieses Beispiel der Erfindung einer Internet-Anwendung ist typisch für das weltweite Netzwerk. Da keine staatliche Stelle oder Firma fürs Internet zuständig ist, haben seit jeher Anwender, die sogenannten **User** (deutsch: Benutzer), neue Programme

Amerikanische Universitäten (links) waren die Vorreiter für die Entwicklung des Internets, inzwischen nutzen immer mehr Privatleute (rechts) das weltweite Netz.

FILE SERVER
sind Rechner mit sehr großen Plattenspeichern und einem schnellen Datenverwaltungs- und -übertragungssystem. Auf Servern, die bei den Informationsanbietern, also beispielsweise Universitäten, stehen, liegen die Daten, die ein Nutzer übers Internet abrufen kann. Auch die Seiten des World Wide Web liegen auf Servern.

INFRASTRUKTUR

Unter Infrastruktur versteht man wichtige Einrichtungen und Anlagen eines Landes. So gehören beispielsweise das gesamte Straßennetz, Telefon-, Strom- und Wasserleitungen zur Infrastruktur eines Landes. Die Infrastruktur des Internet ist also der Aufbau des Netzwerks, das heißt alle Leitungen, Server und Rechner.

HOSTS:

Großrechner (englisch: Main Frame oder Host) sind sehr leistungsfähige Computer und werden meist von Rechenzentren für Institutionen oder Firmen betrieben. Auf solche Hosts können sehr viele Benutzer gleichzeitig zugreifen.

und Programmteile wie die E-Mail fürs Internet entwickelt.

Das Arpanet entwickelte sich rasant weiter. Der nächste große Schritt auf dem Weg zu einem weltweit funktionierenden System, in dem Daten auf einfache Weise ausgetauscht werden können, war die Entwicklung eines einheitlichen **Transportprotokolls**, eines Standards zur Übertragung von Daten. Damals wie heute gab es die verschiedensten Rechnersysteme, die auf unterschiedlichsten Wegen (drahtlose Verbindungen, Telefonleitungen, Glasfaser) miteinander kommunizierten. Damit Daten von allen Computern empfangen und versendet werden konnten, wurde 1974 ein einheitliches Übertragungsprotokoll, **TCP/IP**, implementiert. Eine Implementierung ist die Erstellung oder Programmierung eines lauffähigen Programms. TCP/IP ist also eine Art Einheitssprache, die alle Computer im Internet verstehen und die auf allen Computern funktioniert. Das moderne Internet arbeitet immer noch mit diesem Protokoll. Mehr zu TCP/IP später in diesem Kapitel.

Nachdem immer mehr Universitäten und Forschungseinrichtungen das Arpanet nutzten, wurde 1983 der militärische Teil ins sogenannte **Milnet** ausgegliedert. Seitdem heißt der wissenschaftliche beziehungsweise öffentliche Teil Internet.

Das alles beschränkte sich zunächst auf Nordamerika. Erst in den 80er Jahren wurde auch in Europa damit begonnen, nationale Netzwerke zusammenzuschließen. Dazu wurde 1986 eine Organisation gegründet, die die einzelnen Aktivitäten der Länder europaweit koordinieren sollte. Ziel war es, zunächst eine **Infrastruktur** für den wissenschaftlichen Bereich, also die Universitäten und Forschungseinrichtungen, zu schaffen. In die Privathaushalte kam das Internet sehr viel später. Erst nachdem sich die kommerziellen **Online-Dienste** (siehe Kapitel 2), die ursprünglich geschlossene Netze waren, zum Internet hin öffneten, und es immer mehr Angebote auch für Privatleute gab, stiegen die Nutzerzahlen in diesem Bereich ganz schnell an. Zunächst gab es fast nur wissenschaftliche Informationen im Internet. Erst nach und nach entdeckten Unternehmen und andere Institutionen und in jüngster Zeit auch Privatleute das Internet als Präsentationsmöglichkeit für ihre eigenen Themen und Inhalte.

Ein Raum mit Großrechnern.

Das **Internet** wird nicht von einer Firma oder staatlichen Institution betrieben, sondern von einer ganzen Reihe von Partnern, die sich zusammengetan haben und deren Computer miteinander verbunden sind. Besser gesagt, deren **Computer-Netzwerke** miteinander verbunden sind. Das Internet ist nämlich eine Verbindung vieler unterschiedlicher kleinerer Netzwerke. Es gibt niemanden, der das Internet kontrolliert oder dafür verantwortlich ist. Privatunternehmen (zum Beispiel die Deutsche Telekom), Universitäten und staatliche Stellen betreiben kleine Teile dieses riesigen Netzwerks, und tragen dann auch die Verantwortung für die Inhalte dieses Teils des Internet. Verbunden sind die einzelnen Netzwerke über kleinere und größere Datenleitungen und Verbindungscomputer, die ebenfalls von Unternehmen oder Universitäten betrieben werden. Um ans Internet angeschlossen zu werden, müssen sowohl Anbieter von Informationen als auch Privatleute, die Daten abrufen wollen, Geld an die Betreiber des jeweiligen Teils des Internets bezahlen. Will man beispielsweise von zu Hause aus ins Internet, meldet man sich bei einer Internetfirma an, die über einen Zugang zum Internet verfügt. Diese Firma wiederum bezahlt eine Gebühr für die **Standleitung** zur nächstgrößeren Internet-Datenleitung.

Zusammen bilden die Netzwerke ein Kommunikationsmedium, zu dem man überall auf der Welt Zugang hat. Jeder lokale Netzwerkbetreiber, der am Internet teilnehmen will, ist verantwortlich für einen kleinen Teil des riesigen Netzwerkverbunds. Heute sollen schon weit über 50.000 Netzwerke weltweit ans Internet angeschlossen sein.

Wie die Zahl der mit dem Internet verbundenen Netzwerke gestiegen ist, soll diese Tabelle verdeutlichen:

COMPUTER-NETZWERK
Wenn zwei oder mehrere Computer verbunden sind und Daten untereinander austauschen, spricht man von einem Computernetzwerk.

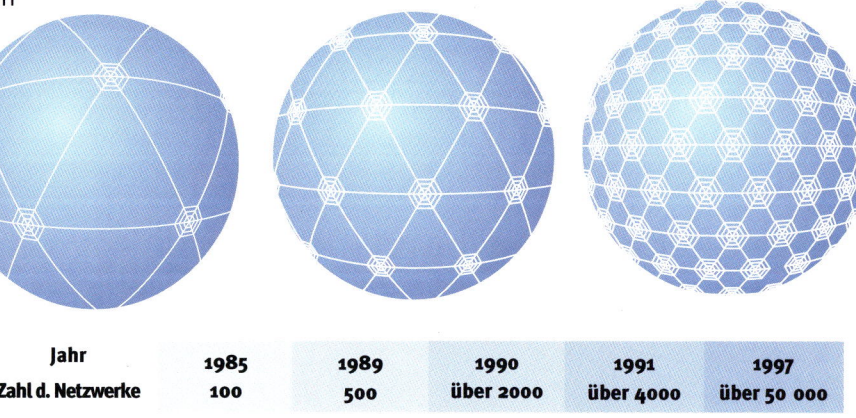

Jahr	1985	1989	1990	1991	1997
Zahl d. Netzwerke	100	500	über 2000	über 4000	über 50 000

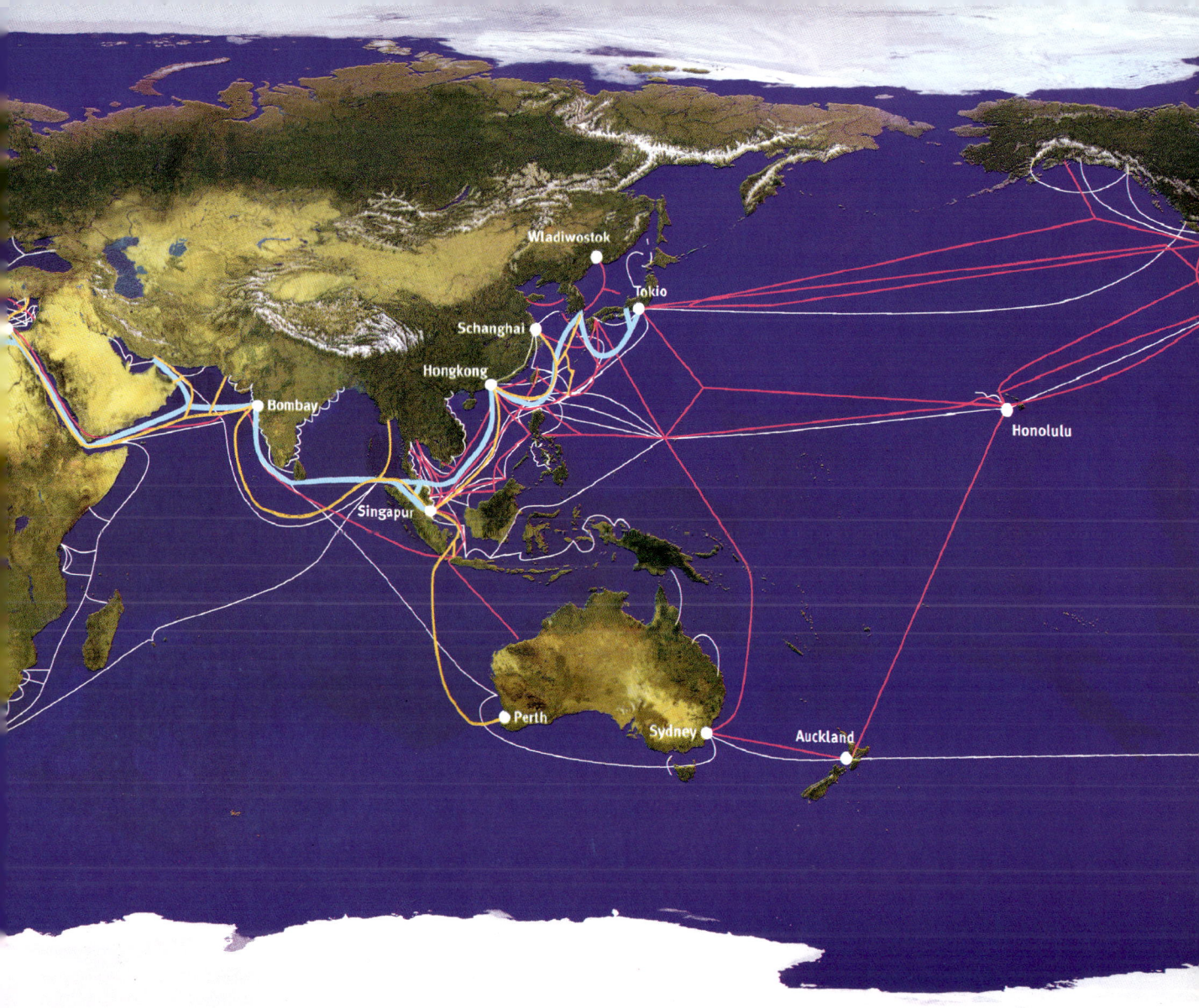

Ein enges Netz von modernen Glasfaserleitungen, die am Grund der Weltmeere liegen, soll das Internet noch schneller machen. Die Grafik zeigt die Leitungen, die bereits gelegt wurden, und die, die in den nächsten Jahren geplant sind. Damit sollen die verstopften Datenautobahnen entlastet werden. Diese modernen Glasfaserleitungen sind in der Lage, Daten und Informationen schneller zu übermitteln als Weltraumsatelliten.

INTERNET

Der Begriff Internet bedeutet nicht „internationales Netz", wie man vielleicht vermuten könnte. „Inter" heißt übersetzt „zwischen". Genau diese Funktion erfüllt das Internet auch. Es ist eine Art Zwischennetz, das viele kleine Netzwerke miteinander verbindet.

Es ist nicht möglich, den Rechner eines einzelnen Benutzers direkt ans Internet anzuschließen. Dazu bedarf es immer eines „Übergangsrechners", eines **Hosts**, der einen ganz bestimmten Aufbau und ganz bestimmte Software hat. An diesen Übergangsrechner sind die Computer angeschlossen, mit denen man sich im Internet bewegen kann. Grundlage für einen Zugang zum Internet ist also immer ein **Netzwerk**.

So ganz frei und ungeordnet, wie immer gesagt wird, ist das Internet natürlich nicht. Damit die Netze untereinander Daten austauschen können, bedarf es doch einiger Übereinstimmungen, denn die Netzwerke basieren auf unterschiedlichen Technologien. Wie die Netzwerke und deren Benutzer untereinander kommunizieren, wird im nächsten Kapitel beschrieben.

Ein Beispiel für ein privates und geschlossenes Netzwerk ist **T-Online** von der Deutschen Telekom. T-Online ist ein **Online-Dienst**, der Computer-Nutzern über die Telefonleitung ein

Angebot an Informationen bietet, wie zum Beispiel den Wetterbericht oder Sport- und Börsennachrichten. Dieses Angebot wird nur einer geschlossenen Benutzergruppe zugänglich gemacht, da man sich bei T-Online extra anmelden muss und für die Informationen Gebühren bezahlen muss. Neben diesen internen Diensten bietet T-Online seinen Kunden aber auch einen Zugang zum Internet an, arbeitet also als sogenannter **Internet-Provider**. Will man über T-Online ins Internet, wählt man sich über die normale Telefonleitung erst in das geschlossene Netzwerk ein. Von dort aus kann man dann den Sprung ins Internet wagen. Inzwischen bieten alle kommerziellen Online-Dienste ihren Kunden die Möglichkeit, sich direkt ins Internet einzuwählen.

Neben den kommerziellen Online-Diensten bieten auch andere Firmen einen Internet-Zugang an. Diese reinen Internet-Provider haben keine eigenen Inhalte, sondern sind nur dazu da, eine Verbindung zwischen ihrem Kunden und dem Internet herzustellen.

Für den Verkehr zwischen den unterschiedlichen Netzwerken gibt es Verbindungscomputer, sogenannte **Router**, die Daten kontrollieren, die zwischen einzelnen Netzwerken ausgetauscht werden. Router sind dazu da, die Empfängeradressen von Datenpaketen zu lesen und sie zum richtigen Adressaten zu senden.

Um ein Netzwerk ans Internet anzuschließen, benötigt man eine **Standleitung**, das ist eine Datenleitung, die eine ständige Verbindung zum Internet hat. Im Gegensatz dazu wird, wenn man sich als Privatperson über eine Telefonleitung ins Internet einwählt, nur eine zeitlich begrenzte Verbindung wie beim Telefonieren aufgebaut.

Verbindung miteinander aufnehmen können die einzelnen Netzwerke

über die verschiedensten Wege: Über Satelliten, Glasfaserkabel oder Telefonleitungen. In Europa und den USA besteht ein großes Netz von Leitungen, über die der gesamte Datenverkehr läuft. In anderen Erdteilen, beispielsweise Afrika, gibt es keine so gute **Infrastruktur**. Die großen Städte Afrikas sind mit der Welt verbunden und können ohne Probleme ans Internet angeschlossen werden; doch viele Landesteile in den ärmeren Nationen der Welt sind nicht verkabelt. Um sich den teuren und aufwendigen Aufbau von Leitungssystemen in diesen Ländern zu ersparen, will man die afrikanischen Staaten über den Weltraum mit dem Internet verbinden. Satelliten und drahtlose Technik könnten schnell und einfach auch das Hinterland Afrikas mit dem Fenster zur Welt, dem Internet, verbinden.

Nick will seine Oma anrufen. Er hebt den Telefonhörer ab, wählt ihre Nummer in München und wartet, bis seine Großmutter das Gespräch angenommen hat. Von diesem Augenblick an stellt die Telekom eine direkte Verbindung zwischen Nick in Köln und seiner Oma in München her. Diese Verbindung bleibt so lange bestehen, bis einer der beiden auflegt. Es kann niemand dazwischenfunken, beide unterhalten sich so, als ob sie nebeneinander stünden. Für eine gewisse Zeit gehört diese Leitung nur Nick und seiner Oma. Niemand sonst kann diesen Abschnitt des Telekom-Netzes während des Gesprächs nutzen.

Im Internet sieht die Sache ganz anders aus. Hier werden nach dem Paketmodell Daten übertragen. Niemand hat (auch nicht für eine bestimmte Zeit) eine Leitung ganz für sich. Auf einem Weg verkehren ganz viele

Wie funktioniert die Datenübertragung im Internet?

INTERNET-PROVIDER
„Provide" heißt übersetzt „zur Verfügung stellen" und bedeutet in diesem Zusammenhang das zur Verfügung stellen eines Internet-Zugangs.

LAN UND WAN
Ein Kriterium für die Einordnung von Computernetzwerken kann die Ausdehnung sein. Bei einem geringen Abstand der vernetzten Rechner spricht man von einem „local area network", kurz LAN. Im Gegensatz dazu gibt es auch Netzwerke, die sich um den ganzen Globus spannen können, zum Beispiel von Firmen, die überall auf der Welt vertreten sind. Solche Netzwerke nennt man „wide area networks" oder WAN.

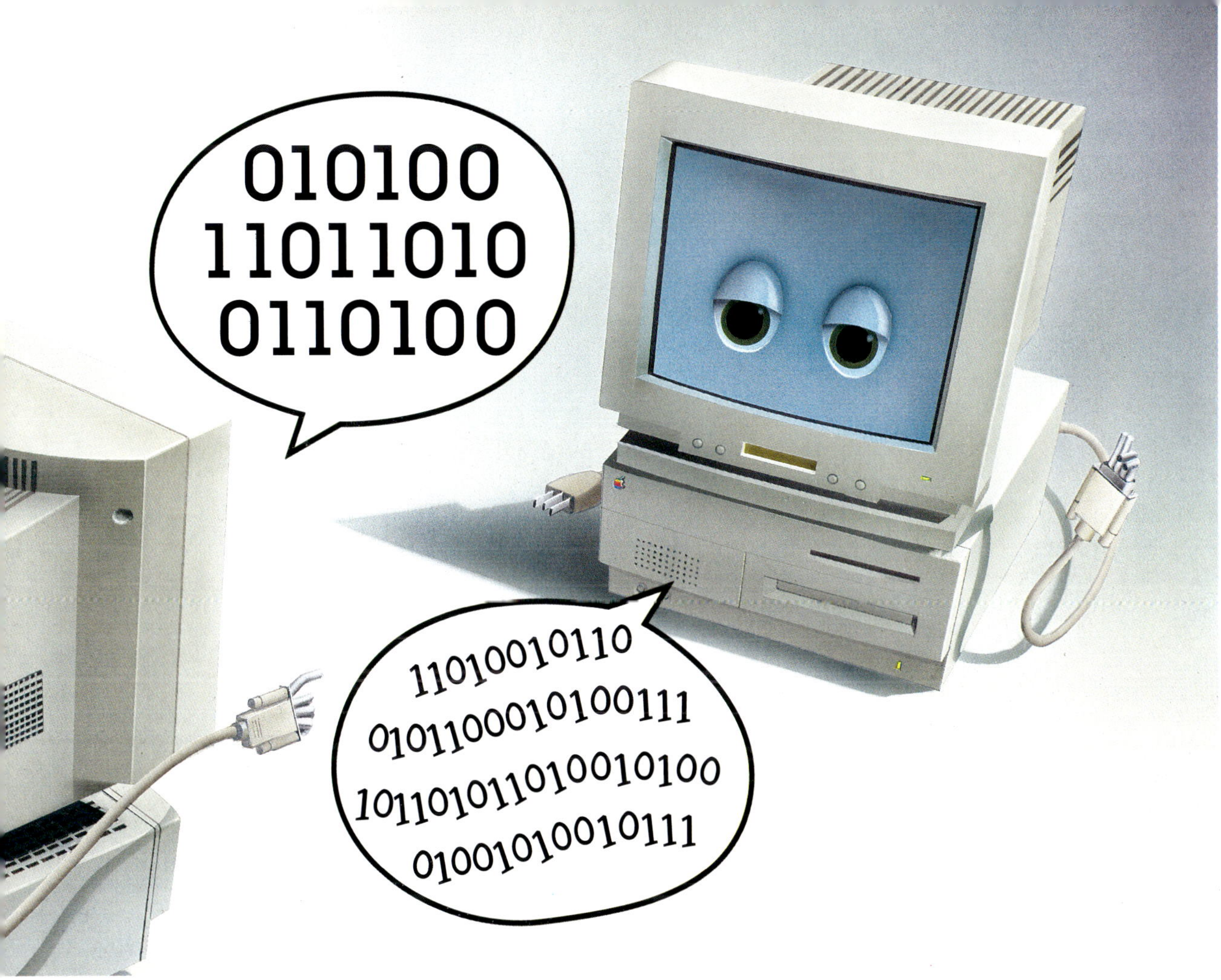

Nachrichten kunterbunt durcheinander. Dazu werden die Informationen und Dateien in kleinen Paketen verschickt, die nacheinander durch die Datenleitung fließen. Die Dateien werden beim Absender in „handliche" Päckchen verpackt, das heißt, Nachrichten werden in Stücke „zerhackt", und danach auf den Weg zum Empfänger geschickt. Da eine riesige Menge an Paketen gleichzeitig durch die Internet-Leitungen schießen, reihen sich die neuen Datenpakete in den bestehenden Verkehr ein und werden an ihrem Bestimmungsort wie bei einem Puzzle wieder zu einer verständlichen Nachricht zusammengesetzt.

Datenpaket schicken

Würde die Kommunikation per Telefon genauso ablaufen, wäre das etwas mühsam für Nick und seine Oma. Nick würde einen Satz oder ein paar Wörter losschicken und müsste dann eine ganze Zeit warten, bis die Nachricht bei seiner Oma eingeht, von ihr gehört wird und ihre Antwort bei ihm angekommen ist. Beide könnten nie gleichzeitig sprechen. Sie würden zeitversetzt miteinander telefonieren. Es wäre keine sogenannte Echtzeit-Verbindung über eine permanente Leitung wie bei einem normalen Telefongespräch. Wie man aber dennoch über das Internet telefonieren kann, steht in Kapitel 6.

Für die Paketübertragung darf ein Datenpaket maximal 1500 Zeichen groß sein. Damit man weiß, welches Datenpaket zu welcher Datei und welchem Adressaten gehört, braucht jedes einzelne Datenpaket eine **Adresszeile**, in der alle wesentlichen

Informationen auftauchen. Mit Hilfe dieser Adressinformation kann die Datei beim Empfänger zusammengesetzt werden. Diese Funktionen übernehmen **Protokolle**. Das wichtigste Protokoll im Internet heißt **TCP/IP**. Eigentlich sind es zwei Protokolle. Einmal IP, das bedeutet **Internet Protocol** und ist für die richtige Adressierung der Päckchen verantwortlich. Das Internet Protocol fungiert also quasi als Briefumschlag, auf dem die Sender- und Empfängeradresse steht. Wird dieses Päckchen nun losgeschickt, kann an jeder Abzweigung der **Datenautobahn** die Adresse gelesen und weitergeleitet werden. Dabei gehen die Päckchen nicht unbedingt den direktesten Weg, sondern den Weg, der gerade frei ist. Unter Umständen kann eine Datei, die von Paris aus losgeschickt wird, über die USA und Japan nach Berlin geleitet werden. Es gibt kein Besetztzeichen für eine Verbindung im Internet. Jedes Datenpaket muss den Weg, der ihm zugewiesen wird, nehmen. Diese Übertragungsart ist aber auch der große Vorteil des Internets: Falls irgendwo auf dem Weg eines Pakets zu seinem Empfänger eine Verbindung zusammenbricht, nehmen die Daten

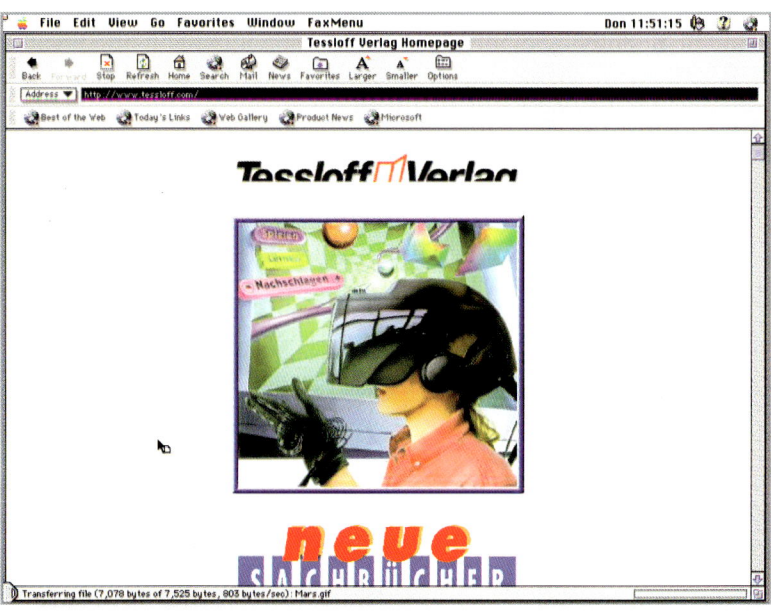

In der **STATUSZEILE**, das ist die unterste Bildschirmzeile der Internetsoftware (hier Netscape Navigator) kann man erkennen, was gerade übertragen wird (rechts) – in diesem Beispiel ist eine GIF-Datei, also ein Bild – und wie weit der Ladevorgang ist (links).

einen anderen Weg.

Das **Transmission Control Protocol** (TCP) wird beim „Verpacken" der Datei tätig, das heißt, es zerlegt die Datei in Päckchen von 1500 Zeichen. Sind alle Pakete beim Empfänger eingetroffen, setzt TCP die Datei wieder sinnvoll zusammen. Dazu nutzt das Protokoll Angaben, die im Datenpaket versteckt sind. Dazu gehören Informa-

TCP/IP-FEHLER

Natürlich kommt es oft vor, dass Dateien nicht vollständig übertragen werden, weil Teile einfach nicht beim Adressaten ankommen. Dann baut TCP die Datei nicht zusammen und es geht automatisch eine Meldung an den Absender, die Datei nochmals zu schicken.

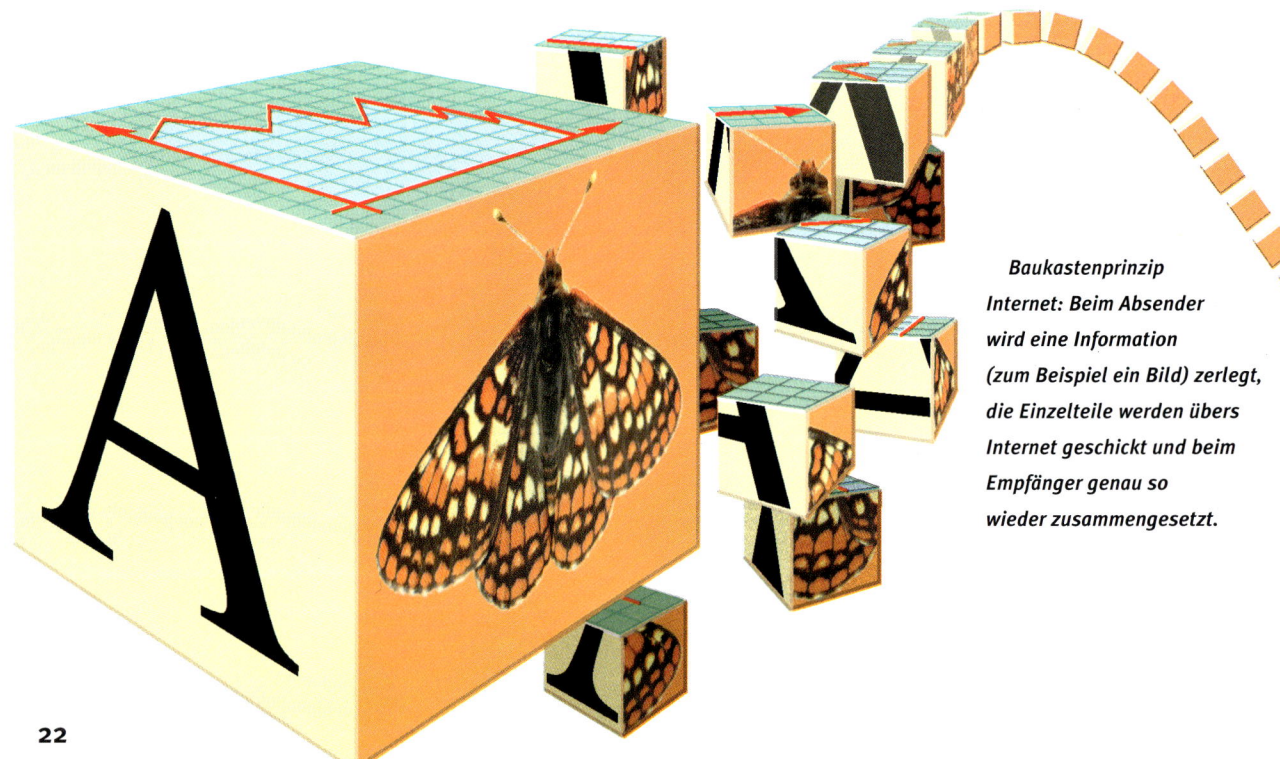

Baukastenprinzip Internet: Beim Absender wird eine Information (zum Beispiel ein Bild) zerlegt, die Einzelteile werden übers Internet geschickt und beim Empfänger genau so wieder zusammengesetzt.

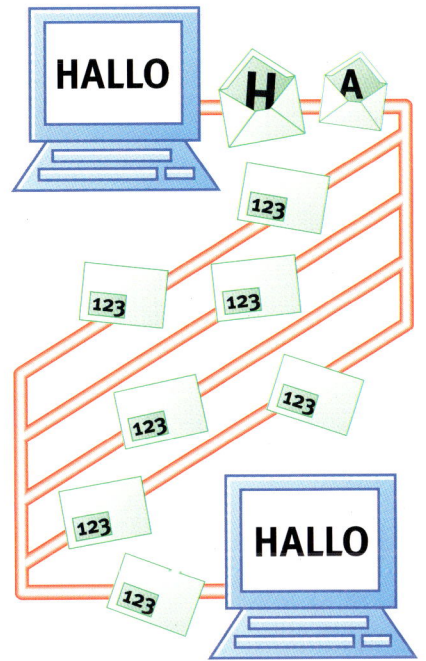

Die IP-Umschläge enthalten eine Adresse, die eindeutig angibt, wo das Pakt hingeschickt werden soll. Jeder Teilnehmer des Internet hat eine solche Adresse, die angibt, an welches Netz und an welchen Rechner innerhalb des Netzes diese Nachricht geht. Zur Vereinfachung dieser Nummern wurde ein Domain Name System (DNS) eingeführt, mit dessen Hilfe man Adressen einfacher lesen kann. Das DNS kann die Textadressen in numerische IP-Adressen übersetzen (siehe auch Kapitel 4).

DATENAUTOBAHN

Oft wird das Internet mit einer Datenautobahn verglichen. Das ist insofern richtig, da es wirklich eine Menge „Fahrzeuge" (Datenpakete) gibt, die über die „Straßen" (Leitungen) fahren, die sogar oft verstopft sind. Ein Datenstau wird verursacht, wenn ganz viele Leute im Internet Daten austauschen wollen. Dann kann es zu Verzögerungen bis hin zum Abbruch der Verbindung kommen.

tionen wie die Gesamtgröße der Datei, Anzahl der Pakete sowie die Reihenfolge, in der die Päckchen wieder zusammengesetzt werden müssen.

TCP/IP ist eine Übertragungshilfe, die es versteht, unterschiedliche Computersysteme miteinander Daten austauschen zu lassen. Ein geschlossenes Netzwerk, das eigentlich nicht mit TCP/IP arbeitet, kann mit dem Internet Kontakt aufnehmen. Über ein **Gateway** – das ist ein Verbindungsrechner für den Datenaustausch zwischen

unterschiedlichen Netzen – kann ein geschlossenes Netzwerk mit dem Internet kommunizieren. Das Gateway setzt die Informationen aus dem TCP/IP-Protokoll in die Sprache des lokalen Netzwerks um und leitet die Informationen an den entsprechenden Computer weiter. Will man beispielsweise eine E-Mail aus dem Internet an einen Nutzer des geschlossenen Online-Dienstes Compuserve schicken, so muss diese Nachricht das Compuserve-Gateway passieren. In diesem speziellen Rechner wird die E-Mail in das spezifische Compuserve-Format umgewandelt und der Empfänger kann die Nachricht lesen.

Inzwischen haben viele große Firmen entschieden, das Internet und damit die technischen Standards des weltweiten Netzwerks als Grundlage für ihre internen Netzwerke zu nutzen. Aus diesen **Intranets** können die einzelnen Computer des internen Netzwerks direkt mit dem Internet Verbindung aufnehmen.

Auch einige kommerzielle Online-Dienste wie das **Microsoft Network MSN** nutzen die Internettechnologie und sind somit ein direkter Bestandteil des Internet.

Wer kontrolliert das Internet?

Grundsätzlich gibt es niemanden, der ein Auge darauf hat, wer was im Internet verbreitet. Dieses Prinzip hat das Internet groß gemacht. Niemand bestimmt das Programm, und niemand zensiert oder kontrolliert die Inhalte. Das lockt natürlich auch Leute an, die ein Interesse daran haben, irgendwelche unnützen oder sogar gefährlichen Inhalte über das Internet zu verbreiten. Immer wieder versuchen nationale Regierungen, den Urhebern dieser illegalen Inhalte das Handwerk zu legen. Doch die Erfolge sind dürftig.

Ein Beispiel: In Deutschland ist es verboten, rechtsradikales Gedankengut zu verbreiten. Im Internet gibt es aber einige Angebote mit rechtsradikalen Inhalten. Sie liegen auf Rechnern irgendwo im Ausland. Dort, wo es keine so scharfen Kontrollen gibt oder wo es nicht verboten ist, solche Inhalte zu verbreiten, beispielsweise in den USA. Es ist kein Problem, von Deutschland aus diese Angebote abzurufen. Die deutschen Gerichte haben aber von hier aus keine Chance, die Urheber dieser rechtsradikalen Beiträge zur Rechenschaft zu ziehen.

Es gibt für Internet-Provider die Möglichkeit, gewisse Angebote zu sperren. Dazu muss er die Adresse dieses Angebots kennen. Aber der Anbie-

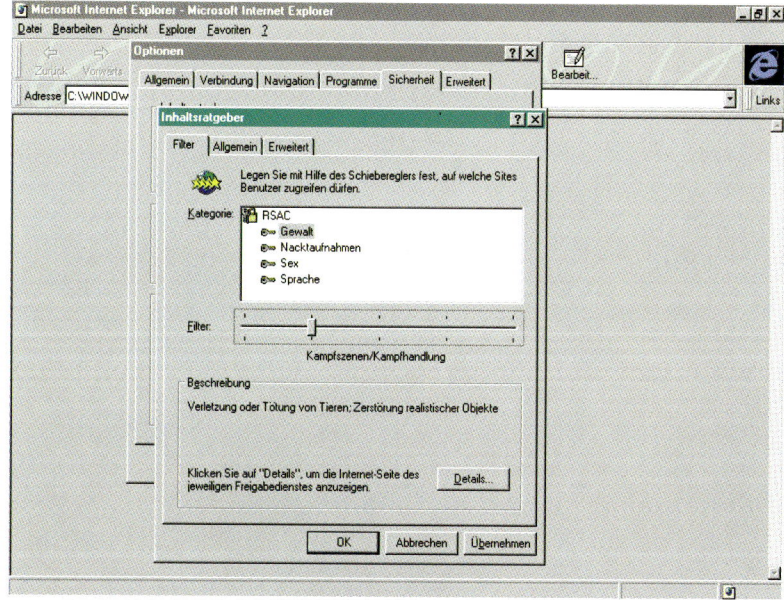

Mit einer Funktion des Microsoft-Explorers können bestimmte Sites gesperrt werden.

ter kann seine Angebote kopieren und unter einer anderen Adresse anbieten. Die Jagd beginnt dann von neuem.

Um vor allem Kinder und Jugendliche vor illegalen Inhalten zu schützen, gibt es inzwischen eine ganze Reihe von **Filterprogrammen**. Es gibt

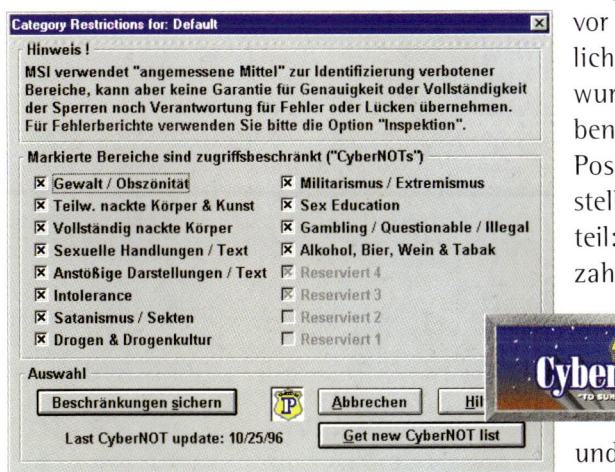

Diese Filtersoftware sucht Sites nach Begriffen ab. Alle Sites, die solche Begriffe enthalten, können dann gesperrt werden.

Hacker

sind Computerkriminelle, die in fremde Rechner eindringen und Daten klauen oder verändern.

Viren

sind kleine Programme oder Programmteile, die sehr viel Schaden anrichten können. Meistens sind Viren Bestandteil eines anderen Programms oder einer Datei und werden nach einer gewissen Zeit aktiv. Schützen kann man sich gegen diese Programme mit Virenscannern. Das sind Programme, die Viren aufspüren und vernichten.

zwei Modelle solcher Software: Die einen arbeiten mit Negativlisten, die anderen mit Positivlisten. Im ersten Fall sperrt die Filtersoftware alle Internet-Seiten, die nicht für Kinder und Jugendliche geeignet sind. Es gibt also eine Art schwarze Liste. Da aber tagtäglich neue nicht jugendfreie Angebote im Internet auftauchen oder die Anbieter die Adressen ändern, hat man nie die Chance, immer auf dem neuesten Stand zu sein. Im zweiten Modell wird nur das Angebot, das zuvor als ungefährlich eingestuft wurde, freigegeben. Es wird eine Positivliste erstellt. Der Nachteil: Bei der Vielzahl von guten und brauchbaren Sites kann auch diese Liste nie auf dem neuesten Stand sein. Man hat aber zumindest die Sicherheit, dass die geprüften Seiten wirklich jugendfrei sind.

Ein Wort noch zum **Datenschutz**. Schickt man zum Beispiel eine **E-Mail** über das Internet, könnte sie von Fremden eingesehen werden. Das kann zwar nicht jeder Nutzer, aber die Programmierer den Verbindungsrechnern haben keine Mühe, diese Datei zu lesen. Es ist vergleichbar mit dem Versenden von Postkarten. Die kann auch nicht jeder lesen. Die Personen aber, die einen direkten Zugriff auf unsere Post haben, also zum Beispiel der Postbote, können ohne Probleme unsere Urlaubspostkarten lesen.

Es gibt auch keinen wirklich hundertprozentigen Schutz im Internet. Es gibt nur einige Möglichkeiten, sich vor Viren oder Datenklau zu schützen.

Um Daten einigermaßen sicher über das Internet zu schicken, kann man die Nachricht **verschlüsseln** (siehe auch Kapitel 5).

Firmen, die Angst vor sogenannten **Hackern** haben, schützen ihr eigenes Netzwerk mit Hilfe einer **Firewall** (übersetzt: Brandmauer). Das ist ein spezieller Computer, der zwischen dem Internet und den vielen Computern des internen Netzwerks steht. Alle Daten, die aus dem Internet an das Firmennetzwerk geschickt werden, müssen diesen Rechner passieren, der als eine Art Sicherheitsschleuse dient. Bestimmte Dateien und Dateiformate werden an der Tür zum Netzwerk abgefangen und nicht durchgelassen.

Immer wieder hört man aber von Hackern, die es geschafft haben, solche Firewalls zu durchbrechen. Anfang 1997 hat es zum Beispiel eine Gruppe von Gymnasiasten aus Zagreb in Kroatien geschafft, in den Computer des amerikanischen Verteidigungsministeriums einzudringen. Und das trotz umfangreicher Sicherheitsmaßnahmen. Natürlich ist es für Hacker auch möglich, in private Computer einzudringen. Doch in der Regel passiert hier sehr wenig, weil auch keine besonders geheimen Daten auf privaten Rechnern liegen. Ein anderer Fall sind **Viren**, die man sich über **E-Mails** oder Dateien, die man aus dem Internet auf seinen Rechner herunterlädt, holen kann. Man sollte sich darüber im klaren sein, dass jede Datei von außen einen Virus enthalten kann. Um ein Eindringen von Viren über eine E-Mail zu verhindern, sollte man möglichst keinen elektronischen Brief mit unbekanntem Absender aus seiner Mailbox auf den eigenen Rechner herunterladen. Vorsichtshalber sollte man solche E-Mails nicht öffnen, sondern gleich löschen.

Going online

Mittlerweile gibt es viele öffentliche Einrichtungen mit Internet-Anschlüssen.

Wer verschafft mir Verbindung zum Internet?

In Schulen, Universitäten, Büchereien oder auch „Internet-Cafés" (Das sind Cafés, die Computer mit Internet-Anschlüssen haben) kann man im Internet herumsurfen. Doch ein eigener Internet-Anschluss zu Hause, wo man nach Lust und Laune zu jeder Zeit online gehen kann, ist doch am schönsten. Allerdings braucht man dafür einen leistungsfähigen Computer, der Grafiken, Sounds und bewegte Bilder in einer Mindestqualität darstellen kann (siehe nächstes Kapitel).

Da man einen einzelnen privaten Rechner nicht ans Internet anschließen kann, muss man sich über ein Netzwerk, das einen direkten Zugang zum Internet hat, mit dem Netz ver-

EINWAHLKNOTEN ODER KNOTENPUNKT heißt der Zugangspunkt zur DATENAUTOBAHN des Internet. Wichtig ist zum einen die Entfernung des Einwahlknoten vom Rechner zu Hause. Liegt der Einwahlknoten weiter entfernt, kann man sich nicht zum Ortstarif übers Telefon damit verbinden lassen, sondern muss teure Fernsprechgebühren zahlen.

Zum anderen ist es ganz wichtig, wo und wie schnell der Einwahlknoten an den Datenhighway angeschlossen ist. Liegt er irgendwo an einer abgelegenen „Seitenstraße", kann die Verbindung zu bestimmten Web-Sites sehr lange dauern. Wenn die Geschwindigkeit, mit der der Internet-Anbieter an die Datenautobahn des Internet angeschlossen ist, zu gering ist, wir die Datenübertragung ebenfalls langsam und teuer.

POP

Ist eine Abkürzung und heißt „Point of Presence" (übersetzt: „Anwesenheitspunkt"). Im Gegensatz zu Online-Diensten, die über ein eigenes Netzwerk verfügen, haben die meisten reinen Internet-Provider Partnerfirmen, die Einwahlpunkte in verschiedenen Städten zur Verfügung stellen. Diese POP haben eine Standleitung zum Internet-Provider, der dann den Zugang zum Internet herstellt.

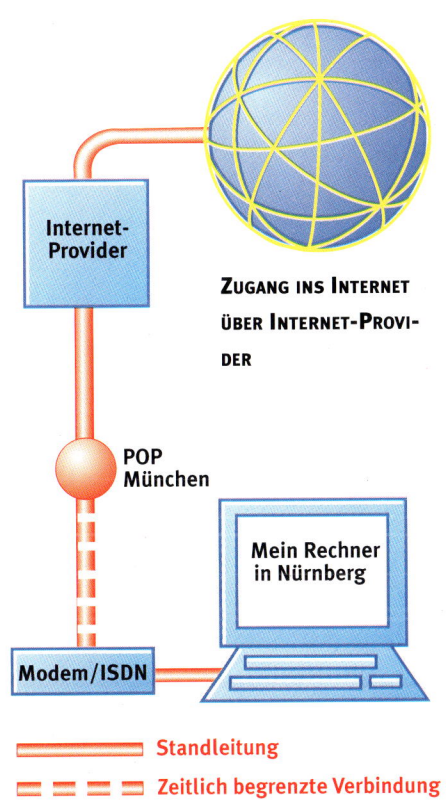

ZUGANG INS INTERNET ÜBER INTERNET-PROVIDER

Internet-Provider

POP München

Mein Rechner in Nürnberg

Modem/ISDN

━━━ **Standleitung**
= = = **Zeitlich begrenzte Verbindung**

binden lassen. Dafür gibt es zwei Möglichkeiten: Einmal über einen sogenannten **Internet-Provider**, eine Firma, die Internet-Anschlüsse „vermietet", oder über einen **Online-Dienst**, der ein eigenes, geschlossenes Netzwerk mit eigenen Angeboten betreibt und zusätzlich eine direkte Verbindung zum Internet hat. Was die kommerziellen Online-Dienste anbieten und wie man über sie ins Internet kommt, steht im nächsten Kapitel.

Zunächst muss man entscheiden, ob man nur im Internet surfen will, also nur einen Internet-Zugang braucht, oder ob man zusätzlich das vielfältige und strukturierte Angebot (wie zum Beispiel Nachrichten, Reiseinformationen, Software zum Herunterladen) eines Online-Dienstes nutzen will.

Internet-Provider unterhalten ein eigenes Netzwerk mit regionalen – das heißt auf ein bestimmtes Gebiet beschränkten – Partnern, die Kunden vor Ort einen Zugang zum Internet anbieten. Diese Partner sind meist selbstständige Firmen, die einen **Einwahlknoten** in einer Stadt unterhalten. Diese Zugangspunkte des Internet-Providers nennt man auch **POP**s („Point of Presence").

Ein reiner Internet-Provider hat keine eigenen inhaltlichen Angeboten, sondern meist nur eine Homepage im Web, auf der ausgewählte Angebote aus dem World Wide Web zu finden sind.

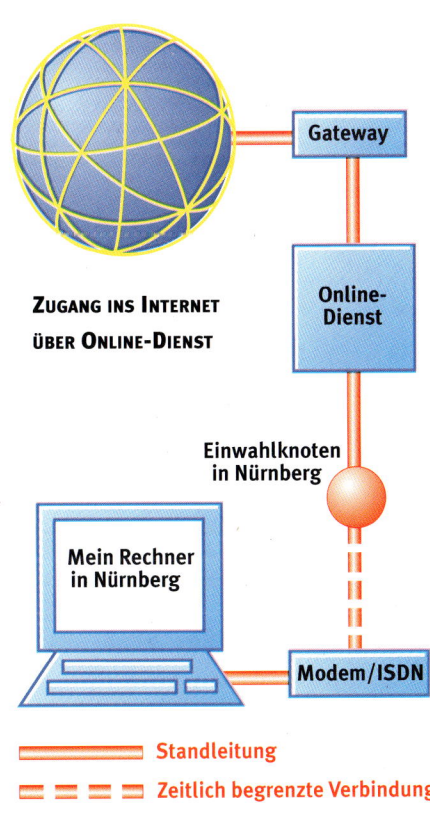

ZUGANG INS INTERNET ÜBER ONLINE-DIENST

Gateway

Online-Dienst

Einwahlknoten in Nürnberg

Mein Rechner in Nürnberg

Modem/ISDN

━━━ **Standleitung**
= = = **Zeitlich begrenzte Verbindung**

Zum Surfen im Internet braucht man einen leistungsfähigen Rechner, ein Modem und eine Firma, die einen mit dem Internet verbindet.

Was den Internet-Anschluss angeht (auch wenn man ihn über einen **Online-Dienst** bekommt), sollten folgende Punkte berücksichtigt werden:

Was ist bei der Wahl des Internet-Anschlusses wichtig?

1. Am teuersten ist nicht der Internet-Anschluss, sondern die Telefonverbindung, die während einer Online-Sitzung aufrecht erhalten werden muss. Will man eine Verbindung zum Internet herstellen, wählt man sich über einen Verbindungsknoten des **Internet-Providers**, einen **POP**, ein. Die erste Frage lautet also: Wie weit liegt dieser **Einwahlknoten** von meinem Wohnort entfernt? Kann ich mich zu Ortsgebühren einwählen oder muss ich teure Ferngespräche bezahlen?

2. Was kostet der Zugang? Bei den meisten Internet-Providern zahlt man eine Grundgebühr (meistens zwischen zehn und zwanzig Mark pro Monat) und danach zusätzlich Geld für die Zeit, die man online verbringt. Viele Firmen bieten noch eine gewisse Zahl von Freistunden an, die man im Internet surfen kann.

3. Wie schnell sind die Verbindungen, die mir mein Internet-Provider zur Verfügung stellt? Auch die **Übertragungsgeschwindigkeit** des eigenen **Modems** und der **ISDN-Karte** sind wichtig für die Übertragungsgeschwindigkeit von Daten. Dazu später mehr. Eine ganz wichtige Rolle spielt aber die Leistungsfähigkeit der Leitungen, mit denen mein Provider am Internet hängt. Das gilt sowohl für die Schnelligkeit meines Einwahlknotens wie auch für die Verbindung des Providers zum Netz. Man sollte sich einen Provider aussuchen, der einen Einwahlknoten mit mindestens 28.800 Bits/s bieten kann. Aber ein schneller Einwahlknoten nutzt mir nur dann etwas, wenn mein Internet-Provider über eine leistungsfähige Leitung an

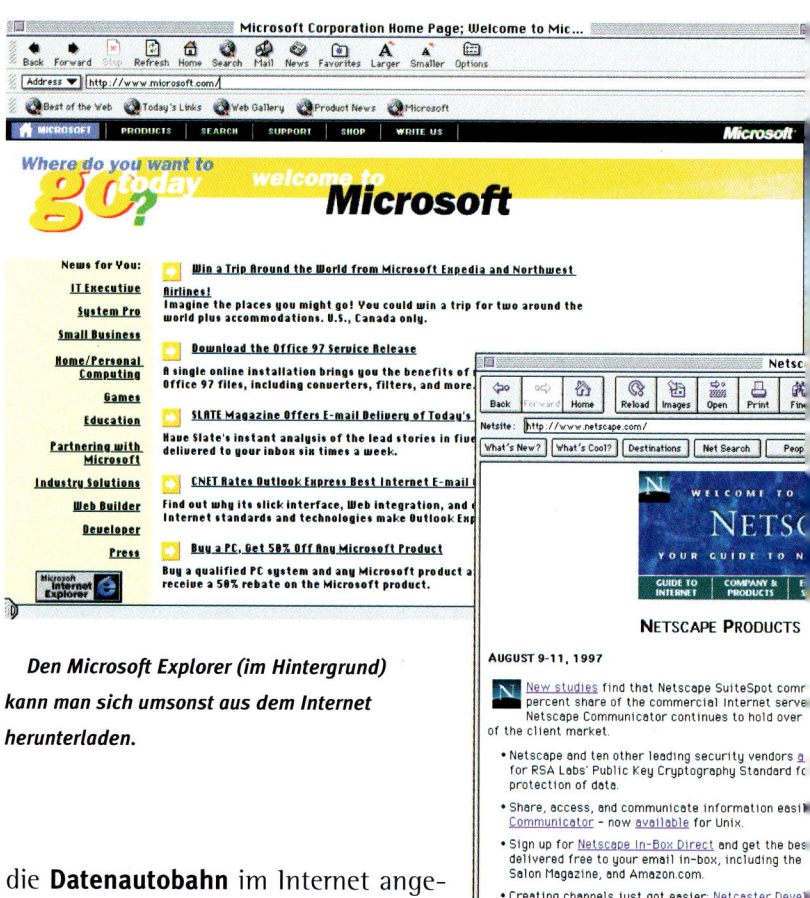

Den Microsoft Explorer (im Hintergrund) kann man sich umsonst aus dem Internet herunterladen.

die **Datenautobahn** im Internet angeschlossen ist. Je besser die Verbindungen meines Internet-Providers zu den schnellen Leitungen des Internets sind, desto schneller komme ich auch ins Net. Muss meine Zugangsfirma erst über weniger leistungsfähige Leitungen gehen, hat das Auswirkungen auf die Schnelligkeit, mit der ich als Nutzer im Internet surfen kann. Auch hier gilt: Längere Übertragungszeiten kosten Telefongebühren!

Außerdem ist es wichtig zu wissen, wie viele Nutzer sich gleichzeitig in den Computer meiner Zugangsfirma einwählen können. Denn es ist sehr ärgerlich, wenn man online gehen will und die Leitung dauernd besetzt ist.

4. Welche Software stellt mir mein Internet-Provider zur Verfügung? Will man beispielsweise vor allem im World Wide Web surfen, braucht man hierzu eine leistungsstarke Software, einen guten **Web-Browser** wie den **Netscape Navigator** oder den **Microsoft Explorer**. Die meisten Internet-Provider bieten ihren Kunden inzwischen gute

Der Netscape Navigator (vorne) ist der beliebteste Web-Browser.

Internet-Software an. Oder – man wählt sich – wie bei den Online-Diensten – über seinen Einwahlknoten ins Internet ein und startet dann seinen Lieblings-Internet-Browser.

5. Da das Internet aus mehreren Diensten besteht, sollte man vor der Entscheidung für einen bestimmten Internet-Provider klären, was dieser Provider alles bietet. Hat man einen **elektronischen Briefkasten** und bekommt man eine eigene **E-Mail-Adresse**? Kann man sich eine eigene **Homepage** gestalten? Kann man die **Newsgroups** nutzen? Und vor allem: Hat man einen vollen Zugang zum **World Wide Web**?

Ganz wichtig ist auch zu wissen, ob die **Hotline** (also der technische Beratungsdienst) kostenlos über eine 130er Nummer anwählbar ist. Denn manche Provider verlangen für ihre Hotline 1,29 Mark oder mehr pro Minute.

Was braucht man, um online gehen zu können?

Um überhaupt online gehen zu können, braucht man zunächst einmal einen Computer. Es muss nicht der neueste und schnellste sein, ein Rechner mit 486er- oder Pentium-Prozessor reicht völlig aus. Er sollte eine **Grafikkarte**, eine **Soundkarte** und genügend **Arbeitsspeicher** haben, ideal sind mindestens 16 MB. Viel wichtiger aber als die Ausrüstung des Rechners ist die Entscheidung, wie man technisch mit dem Internet verbunden sein will. Auch hier gibt es für private Nutzer des Internets mehrere Möglichkeiten. Vielleicht wird es in Zu-

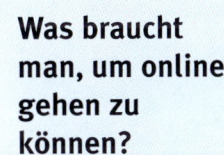

486er
Grafikkarte
16 MB Ram
Soundkarte

kunft einmal möglich sein, über TV-Satellitenanlagen oder die Kabelverbindung des Fernsehens eine Verbindung zum Internet aufzubauen. Tests hierfür laufen zwar, es wird sich aber erst in einigen Jahren durchsetzen. Zur Zeit sind aber nur zwei Verbindungsarten möglich: Die eine ist die Verbindung über ein Modem, die andere über eine ISDN-Karte.

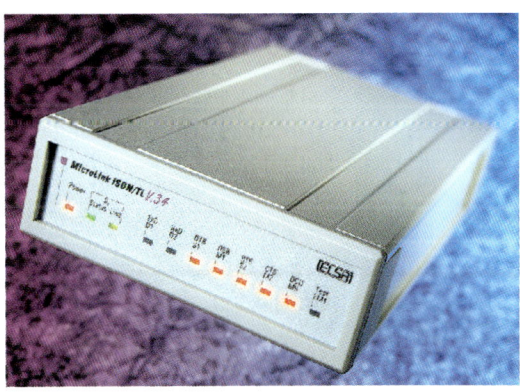

Ein externes Modem: Besonders wichtig bei der Wahl eines Modems ist die Übertragungsgeschwindigkeit. Je höher sie ist, desto schneller kann man im Internet surfen.

Wie funktioniert die Verbindung über ein Modem?

Mit einem Modem kann man sich über eine normale Telefonleitung ins Internet einwählen. Es gibt interne und externe Modems, je nachdem, ob das Modem im Computer eingebaut ist (internes Modem) oder als Extragerät an den Rechner angeschlossen ist (externes Modem). Was für ein Modem man benutzt, spielt für die Verbindung zum Internet keine Rolle.

Beim Kauf eines Modems, das man überall im Computerfachhandel bekommt, sollte man darauf achten, mit welcher maximalen Geschwindigkeit Daten übertragen werden können. 28.800 Bit pro Sekunde sind heutzutage normal, es kommen aber immer schnellere Geräte auf den Markt. Die **Übertragungsgeschwindigkeit** ist nicht

nur wichtig für den Aufbau einer Verbindung zum Internet, sie ist auch dafür verantwortlich, wie schnell man Daten aus dem Internet abrufen kann. Es kann auf die Dauer ganz schön nerven, wenn der Aufbau einer Seite aus dem World Wide Web mit vielen Bildern minutenlang dauert, nur weil man am Modem gespart hat. Außerdem belasten langsame Übertragungszeiten den Geldbeutel, weil Telefongebühren anfallen.

Was ist ISDN?

Das Integrated Services Digital Network (ISDN) ist ein **digitales** Leitungssystem, über das Bilder, Telefongespräche und Daten übertragen werden können. Im Gegensatz zur **„analogen"** Übertragung werden über ISDN-Leitungen die Daten „digital" übermittelt. Während bei der Übertragung über analoge Leitungen Daten erst in akustische, also „hörbare" Signale, umgewandelt werden müssen (deshalb das Gepiepse und Gejaule beim Verbindungsaufbau über ein Modem), entfällt diese Umwandlung bei der digitalen Technik. Digitale Signale werden in der Computer-Kommunikation in Nullen und Einsen dargestellt. Selbst Gespräche können digital übertragen werden. Dazu werden analoge in digitale Signale, also in Nullen und Einsen, umgewandelt, übertragen und beim Empfänger wieder in analoge, hörbare Signale umgewandelt. Die ISDN-Technik hat zwei große Vorteile: Die Verbindung wird

viel schneller hergestellt und die **Übertragungszeit** von Daten ist viel kürzer (bis zu 64000 Bits pro Sekunde über eine Leitung).

Will man über eine ISDN-Leitung im Internet surfen, braucht man eine ISDN-Leitung, die von der Deutschen Telekom gelegt wird, eine **ISDN-Karte**, die in den Computer eingesetzt wird, und einen Internet-Provider, der ISDN-Zugänge zum Internet zur Verfügung stellt.

Doch selbst wenn man mit einer ISDN-Leitung ganz schnell ins Internet gelangt, heißt das noch lange nicht, dass man sich mit der vollen ISDN-Geschwindigkeit im Internet bewegen kann. Denn auch wenn die Auffahrt zum Internet per ISDN schnell geht, hängt es vom Verkehr im Netz und von der Qualität der weiteren Verbindungen ab, wie schnell man im Netz vorwärts kommt.

GESCHWINDIGKEIT
Die Geschwindigkeit bei der Datenübertragung wird an der Datenmenge gemessen, die pro Sekunde verarbeitet werden kann. Die Daten werden in Bits pro Sekunde (Bit/s) gemessen.

Eine ISDN-Karte: Sie muss in den Computer eingebaut werden. Angeschlossen wird sie dann nicht an normale Telefonleitungen, sondern spezielle ISDN-Leitungen, über die man aber auch telefonieren kann.

Wenn man sich also einen Computer und ein Modem angeschafft hat, braucht man noch die entsprechende Software, um sich über seinen **Internet-Provider** ins Internet einwählen zu können. Diese Software erhält man von seinem Internet-Provider (oder seinem **Online-Dienst**).

Nachdem man die Software installiert hat, muss man den **Einwahlknoten** seines Providers anwählen. Dazu braucht man einige Informationen, die man in die entsprechenden Menüpunkte seiner Software eingeben muss. Bei Abschluss eines Vertrags mit seinem Internet-Provider bekommt man diese Daten. Dazu gehören die **Einwahlnummer**, der **Benutzername** und das **Passwort**, das vom Nutzer festgelegt wird. Während der Benutzername – das muss nicht unbedingt

Wie stelle ich eine Verbindung zum Internet her?

ein Name sein, es kann auch eine Nummer oder ein Kürzel sein – öffentlich zu sehen ist, ist das Passwort geheim und sozusagen die Unterschrift, damit der Internet-Provider erkennt, dass der Kunde am anderen Ende der Leitung auch wirklich derjenige ist, mit dem man den Vertrag abgeschlossen hat. Erst mit der Eingabe des richtigen Passworts wird eine Verbindung zu der Gegenstelle, dem Einwahlknoten, hergestellt.

Will man das Internet mit allen seinen Diensten, vor allem aber Zugang zum World Wide Web, braucht man eine **SLIP**- oder eine **PPP-Verbindung** zum Internet. Mit diesen Verbindungen arbeiten die meisten Online-Dienste und Internet-Provider. Mit SLIP oder PPP hat man die Möglichkeit, alle Dienste des Internet zu nutzen, also neben dem World Wide Web auch Angebote wie **E-Mail, Telnet, FTP** oder **Gopher.**

SLIP

ist eine Abkürzung und heißt „Serial Line Internet Protocol" (serielles Übertragungsprotokoll). Es ist in der Lage, das TCP/IP-Protokoll per Modem und normaler Telefonleitung zu lesen. Serielle Übertragung bedeutet, dass Daten nicht gleichzeitig (parallel), sondern hintereinander übertragen werden. Es erlaubt einen vollständigen Zugang zum Internet über eine Modemverbindung von 9.600 Bit/Sekunde oder höher.

PPP

ist eine Abkürzung und heißt „Point to Point Protocol". Es ist zwar ebenfalls ein serielles Übertragungsprotokoll, arbeitet aber schneller und genauer als das vergleichbare Protokoll SLIP, denn es kann überprüfen, ob versendete „Pakete" unbeschädigt und vollständig am Zielort angekommen sind. Fehlerhaft übertragene Pakete werden von PPP erneut zugestellt. Es wird seit 1991 im Internet benutzt.

1. Schritt: Das Modem wird initialisiert...   Abbrechen

2. Schritt: Wähle 0,069-29 70 53 00   Abbrechen

3. Schritt: Verbindung mit 28.800 Bit/S ...   Abbrechen

Überprüfe das Paßwort...   Abbrechen

Herstellen einer Online-Verbindung (in diesem Beispiel mit AOL):

1. Schritt: Nach dem Aufrufen der Zugangssoftware gibt man sein geheimes Passwort ein sowie weitere Informationen wie die Telefonnummer des Internet-Providers. Danach versucht die Software, mit Hilfe des Modems eine Verbindung herzustellen.

2. Schritt: Das Modem wählt mit lautem Gefiepe die Nummer des Internet-Providers.

3. Schritt: Die Verbindung konnte aufgebaut werden. In diesem Fall mit einer Geschwindigkeit von 28.800 Bit pro Sekunde.

4. Schritt: Die persönlichen Daten des Online-Kunden werden überprüft. Ist alles okay, kommt eine positive Meldung und der Surf-Spaß kann losgehen.

Online-Dienste

Was ist der Unterschied zwischen Online-Diensten und dem Internet?

Im Gegensatz zum Internet sind Online-Dienste geschlossene Netzwerke, die von Firmen unterhalten werden. Im Unterschied zum Internet ist die Nutzung von Inhalten und Leistungen bei den **kommerziellen Online-Diensten** nicht kostenlos. Sie verlangen monatliche Grundgebühren, und manchmal muss man auch noch für die Zeit bezahlen, die man in ihrem Netz verbringt.

Die meisten Online-Dienste waren bei ihrer Einrichtung nicht ans Internet angeschlossen, sondern eigenständige geschlossene Netze. Das hat sich inzwischen geändert. Alle Online-Dienste bieten ihren Kunden heute einen vollen Zugang zum weltweiten Netzwerk oder sind sogar fester Bestandteil des Internets wie zum Beispiel das Microsoft Network (MSN).

Ein weiterer Unterschied

KOMMERZIELLE ONLINE-DIENSTE
„Kommerziell" bedeutet kaufmännisch. Ein kommerzieller Online-Dienst ist also ein Dienst, der Geld verdienen will. Im Gegensatz dazu ist das Internet unkommerziell ausgerichtet, niemand ist daran interessiert, mit dem Betrieb des weltweiten Netzwerks Geld zu verdienen. Ursprünglich waren auch die Inhalte unkommerziell. Niemand musste für Informationen aus dem Internet Geld bezahlen. Das hat sich inzwischen geändert und wird sich noch verstärken. Beispielsweise gibt es bereits Online-Zeitschriften im Internet, die eine Abonnement-Gebühr erheben.

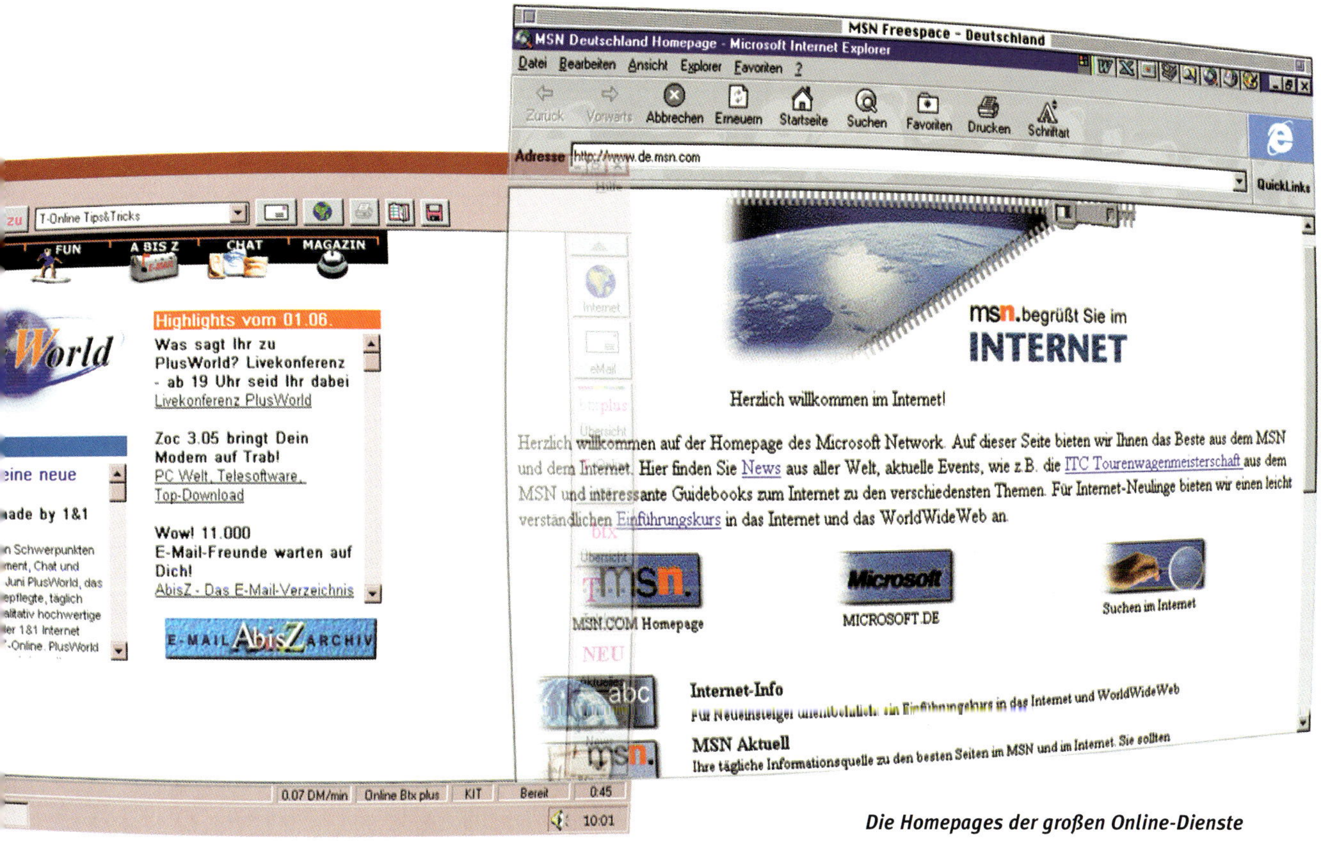

ONLINE SHOPPING

bedeutet „online Einkaufen". Über Online-Dienste (oder das Internet) geht das ganz einfach: Man ruft dazu das Angebot eines „virtuellen" Geschäfts in einem Online-Dienst auf (zum Beispiel den Plattenladen in Kapitel 1), sucht sich ein Produkt aus und gibt an, wie man es geliefert haben und wie man bezahlen (meistens per Kreditkarte oder Rechnung) will. Die Ware wird dann auf herkömmlichem Weg, zum Beispiel per Post, geliefert. Es gibt sogar einen Pizzaladen in New York, bei dem man auch von Deutschland aus übers Internet eine Pizza bestellen kann. Es ist natürlich nicht besonders klug, sich in New York eine Pizza zu bestellen. Zum einen ist die Liefergebühr sehr teuer und – wer ist schon gerne kalte Pizza!

ist, dass sich die Online-Dienste um ihre Angebote kümmern, während es im Internet niemanden gibt, der die Inhalte kontrolliert, auswählt oder strukturiert. Die Online-Dienste stellen ein richtiges Programm für ihre User zusammen und erweitern und aktualisieren es ständig. Sie schließen mit anderen Firmen oder Institutionen Verträge und bieten deren Inhalte in einem geschlossenen Netzwerk an. (Das sind zum Beispiel Nachrichten, Wetterberichte, Reisetipps, Online-Diskussionsrunden, **Online-Shopping** usw.). Um diese Angebote abrufen zu können, braucht man eine spezielle Software. Man bekommt sie vom jeweiligen Online-Dienst, bei dem man sich angemeldet hat.

Einige Zeit standen die kommerziellen Online-Dienste in direkter Konkurrenz zum Internet. Zunächst waren ihre Angebote auch wesentlich interessanter als alles, was es im Internet gab. Als das Internet aber durch das **World Wide Web** immer attraktiver wurde, steckten die kommerziellen Online-Dienste in der

Klemme. Immer mehr Nutzer holten sich ihre Informationen aus dem Internet. Die Online-Dienste hatten zwar ein besseres Angebot und man konnte sich in ihnen besser zurechtfinden, doch die Suchmaschinen im Internet wurden immer besser und die Angebotspalette nahm zu – und das zumeist auch noch kostenlos.

Mit dem Erfolg des Internets änderte sich deshalb die Strategie der kommerziellen Online-Dienste: Einerseits setzen sie weiter auf die Angebote, die nur für ihre Mitglieder zugänglich sind. Auf der anderen Seite arbeiten inzwischen alle kommerziellen Online-Dienste auch als

Internet-Provider. Technisch gesehen ist das Netzwerk der Online-Dienste zwar geschlossen, wird aber als ein weiteres Datennetz ans Internet angeschlossen. Die Verbindung zwischen einem geschlossenen Netzwerk und dem Internet wird über ein **Gateway** hergestellt. Durch dieses Gateway werden alle Daten geschleust, die aus dem Internet kommen oder ins Internet gehen.

Die wichtigsten kommerziellen Online-Dienste, die alle auch einen vollwertigen Zugang zum Internet bieten, sind Compuserve, AOL, T-Online und das Microsoft Network (MSN).

Zwei Generationen von T-Online: Einmal das alte und langweilige BTX (unten) und dann das moderne und bunte Erscheinungsbild aktueller Inhalte.

Der Online-Dienst der Deutschen Telekom ist der älteste und größte Online-Dienst in Deutschland und hat über 1,2 Millionen Mit-

> **Was bietet T-Online?**

glieder. Ursprünglich war T-Online unter dem Namen **BTX** ins Leben gerufen worden. Da es damals noch keine Personal Computer gab und es auch später sehr lange keineswegs selbstverständlich war, einen Rechner zu Hause zu haben, wurden die Informationen über die Telefonleitung und eine BTX-Box über den Fernseher abgerufen. Doch die Übertragungszeiten für Texte und Grafiken waren lang, außerdem war das frühe BTX auch grafisch nicht besonders schön. Und trotzdem war es der Vorgänger der heutigen Online-Dienste. Erst als Informationen über das örtliche Telefonnetz per Modem und Computer zu den Nutzern kamen, entwickelte sich BTX zu einem attraktiven Dienst, der immer mehr Nutzer

bekam. Später wurde er in **Datex J** umbenannt, seit 1995 heißt er T-Online.

Neben der Möglichkeit, Informationen abzurufen (Neuigkeiten, Firmeninformationen, Zeitschriften usw.) oder Online-Shopping, wird der Online-Dienst der Telekom vor allem zum **Home Banking** genutzt. Viele Banken haben eigene Angebote in T-Online eingerichtet, über die man seine Bankgeschäfte abwickeln kann.

Natürlich hat man über T-Online auch einen Zugang zum **Internet**. Mit der Software bekommt man gleich das Zugangsprogramm fürs Internet mitgeliefert. Klickt man im Menü den „Internet-Button" an, wird das Internet-Programm aufgerufen und man landet sofort im **World Wide Web**. T-Online öffnet sich immer mehr dem World Wide Web des Internets und ist dabei, seine Angebote auch optisch dem WWW anpassen.

GATEWAY

Ist das englische Wort für „Einfahrt" oder „Tor". Ein Gateway ist ein Computer, der Rechnersysteme verbindet, die normalerweise miteinander keine Daten austauschen können. Die Daten werden in einem Gateway-Rechner so übersetzt, dass sie ein anderes Computersystem verstehen kann. Aus einem geschlossenen Online-Dienst werden die Daten beispielsweise so umgewandelt, dass sie vom TCP/IP-Protokoll gelesen werden können. Außerdem sorgt das Gateway dafür, dass Daten, die an ein anderes Netz adressiert sind, nach draußen weitergegeben werden.

HOME BANKING

bedeutet, seine Bankgeschäfte von zu Hause aus am Rechner zu erledigen, etwa Überweisungen zu tätigen oder den Kontostand abzufragen. Nachdem man sich bei seiner Bank zum Home Banking angemeldet hat, kann man zum

Beispiel über T-Online auf das Angebot seiner Bank gehen. Aus Sicherheitsgründen (Datenschutz!) muss man für jede Geldbewegung, die man online macht, eine sogenannte Transaktionsnummer (TAN) eingeben. Eine Liste mit TANs bekommt man von seiner Bank. Jede TAN kann man nur für eine Überweisung benutzen.

Was bietet Compuserve?

Compuserve ist der älteste kommerzielle Online-Dienst. Die Firma wurde bereits 1969 in den USA gegründet. Heute hat Compuserve weltweit etwa fünf Millionen Mitglieder.

Seit 1991 gibt es Compuserve auch in Deutschland. Zunächst war Compuserve ein Informationsdienst, der nichts mit dem Internet zu tun hatte. Zu Beginn des Online-Booms nutzten diesen Dienst vor allem

Software (zum Beispiel neue Versionen eines Programms) auf den eigenen Computer downloaden (herunterladen) kann.

Nach der rasanten Entwicklung des **Internets** fiel bei Compuserve 1996 die Entscheidung, aus einem reinen Online-Dienst mit eigener Software einen internet-basierten Dienst zu machen. Das heißt, dass man bei Compuserve zwar immer noch zwei

Das Hauptmenü von Compuserve (links) und der Internet-Übergang (rechts oben). Bei Compuserve ist ein Web-Browser bereits in der Zugangssoftware enthalten. Man merkt kaum noch, ob man sich im geschlossenen Dienst oder im Internet bewegt.

Welten geboten bekommt – auf der einen Seite Inhalte, die nur für Compuserve-Kunden zugänglich sind, und auf der anderen Seite die öffentlichen Angebote des Internets, auf die alle Nutzer zugreifen können –, aber alles geht viel einfacher als früher. Ein **WWW-Browser** (siehe Kapitel 4) wurde in die Compuserve-Software eingebaut und man kann zwischen dem Internet und den Angeboten von Compuserve ganz leicht hin- und herspringen.

Die gesamten Inhalte von Compuserve, für die bisher eine eigene Software nötig war, werden nach und nach auf den Internet-Standard umgestellt. Damit wird Compuserve zu einem Internet-Dienst, der zwar weiter einem geschlossenen Nutzerkreis zur Verfügung steht, sich aber rein äußerlich nicht vom Internet unterscheidet.

FOREN.

Ein Forum in einem kommerziellen Online-Dienst ist ein Bereich, der Informationen zu einer bestimmten Thema bietet. In diesen Foren gibt es oft Bibliotheken, in denen man Material zu diesem Thema findet. Meistens gibt es auch noch einen Chat-Bereich, also eine Art Plauderecke, wo man sich mit anderen Online-Nutzern über dieses Thema austauschen kann.

Computer-Freaks und Leute, die beruflich sehr schnell Informationen und Material zu bestimmten Themen brauchen, zum Beispiel Firmen oder auch Journalisten. Für beide Nutzergruppe baute Compuserve ein umfangreiches Angebot an **Fachdatenbanken** auf, in denen eine Fülle von Informationsmaterial bereitlag. Inzwischen bietet Compuserve über 900 sogenannte **Foren** an, die sich mit den unterschiedlichsten Themen beschäftigen. Dazu gehören beispielsweise auch Bereiche, aus denen man sich

Das AOL-Hauptmenü (links) und eine Lieblingsbeschäftigung der Kunden dieses Online-Dienstes: CHATTEN (oben). In Chat-Räumen trifft man sich und unterhält sich über die Tastatur mit ganz fremden Leuten.

Was bietet AOL?

AOL (America Online) ist der größte Online-Dienst der Welt mit über sechs Millionen Nutzern. In Europa gibt es AOL erst seit 1995. AOL ist ein „Familien-Online-Dienst" und hat inhaltlich ein anderes Angebot als Compuserve, wo in erster Linie Fachinformationen für Spezialisten abgerufen werden können. Der Dienst soll für die ganze Familie etwas bieten. Neben üblichen Bereichen wie Reise, Zeitschriften oder Nachrichten gibt es bei AOL deshalb eine Menge Angebote für Kids. „Partyzone" heißt beispielsweise ein Bereich, es gibt es eine „Soap Opera" wie im Fernsehen oder ein Online-Angebot nur für Kids mit Namen „Fun Online". Vor allem in den USA verbringen AOL-Nutzer sehr viel Zeit in **Chat-Rooms**, das sind Bereiche, in denen sich über 20 Leuten gleichzeitig treffen können um mit Hilfe ihrer Tastatur über viele verschiedene Themen zu plaudern.

AOL hat im Gegensatz zu Compuserve seine Angebote nach Ländern getrennt. Wenn sich ein deutscher Nutzer mit seiner deutschen Software bei AOL einwählt, bekommt er den deutschen Dienst präsentiert. Über den „International-Button" kann er dann zum US-amerikanischen, englischen oder französischen Dienst springen. Bei Compuserve sind deutsche und ausländische Angebote nebeneinander aufgelistet, also zum Beispiel eine amerikanische Zeitung neben einer deutschen Zeitschrift. AOL ist deshalb übersichtlicher, internationale Angebote muss man aber länger suchen.

Natürlich kann man auch bei AOL problemlos ins **Internet** wechseln. Mit der AOL-Software wird ein **WWW-Browser** geliefert. So kann man alle Internet-Angebote direkt abrufen. Da AOL Deutschland erst im Herbst 1995 gestartet ist und zu diesem Zeitpunkt schon klar war, wie wichtig das Internet für die Online-Szene werden würde, gab es bei AOL schon von Anfang an einen Web-Browser.

DOWNLOADING

ist das Herunterladen von Dateien auf den eigenen PC von einem Rechner aus dem Netz (Internet oder auch Online-Dienst). Will man zum Beispiel die neuere Version einer Software auf den eigenen Rechner herunterladen, geht man zunächst in das jeweilige Angebot der Softwarefirma in einem Online-Dienst oder im Internet. Dort sucht man die „Download-Area", in der es viele Dateien gibt, die man herunterladen kann. Hat man die richtige Datei gefunden und angeklickt, öffnet sich ein Fenster, in dem gefragt wird, wo die Datei gespeichert werden soll. Nach der Auswahl eines Unterverzeichnisses auf dem eigenen Computer beginnt das Herunterladen. Das kann unter Umständen einige Minuten dauern. Oft ist die Datei so groß, daß sie „gepackt" übertragen werden muß. Sie wurde dafür mit einem Zusatzprogramm verkleinert worden. Dann braucht man ein Zusatzprogramm, mit dessen Hilfe man die Datei wieder entpackt.

Was bietet MSN an?

Das Microsoft Network ist der Online-Dienst von Microsoft, dem größten Software-Unternehmen der Welt. Im Vergleich zu anderen Online-Diensten ist er ein „Spätstarter". Ursprünglich sollte das MSN nämlich ähnlich wie AOL oder Compuserve funktionieren. Man wollte einen eigenständigen Online-Dienst mit eigener Software und eigenen Inhalten entwickeln. Doch inzwischen ist

man völlig davon abgegangen und setzt voll auf die Entwicklung des **Internets**. MSN ist der erste weltweite Online-Dienst, der alle seine Inhalte direkt ins **World Wide Web** des Internets gestellt hat und kein separates geschlossenes Netz unterhält. Partnerfirmen in den Ländern, in denen MSN präsent ist, ermöglichen den technischen Zugang zum Internet. Im Gegensatz zu reinen Internet-Providern entwickelt Microsoft aber auch eigene Inhalte und will den ersten Multimedia-Online-Dienst im Internet anbieten. Inhaltlich arbeitet man beispielsweise mit dem ZDF zusammen oder großen Sport- und TV-Stationen. Viele Programme, wie Unterhaltungsserien oder Talkshows, schneidet MSN auf das Internet zu.

Natürlich bietet Microsoft den Nutzern von MSN eine Menge Datenbanken, Informationsdienste oder Programme an, die online abgerufen werden können. Man kann sie natürlich auch **downloaden**. Da das MSN Bestandteil des Internets ist und ein **Web-Browser** die MSN-Zugangssoftware ist, ist der Sprung in andere Internet-Angebote auch kein Problem.

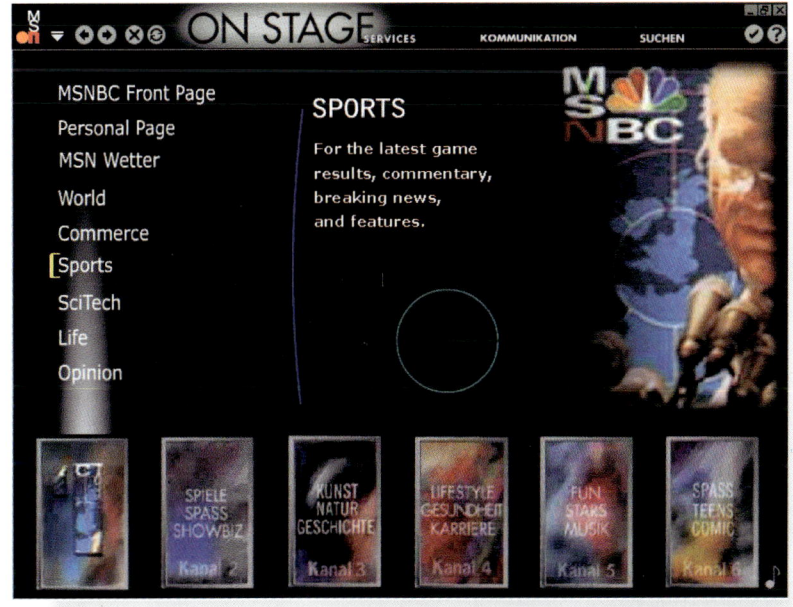

Der Online-Dienst des größten Software-Unternehmens der Welt, Microsoft. MSN bietet vor allem Multimedia über das Internet. Oben sieht man den speziellen MSN-Browser, der aus dem Microsoft Explorer entwickelt wurde und kostenlos mitgeliefert wird, wenn man sich bei MSN anmeldet. Rechts die Homepage vom deutschen MSN – angeschaut mit einem „normalen" Web-Browser.

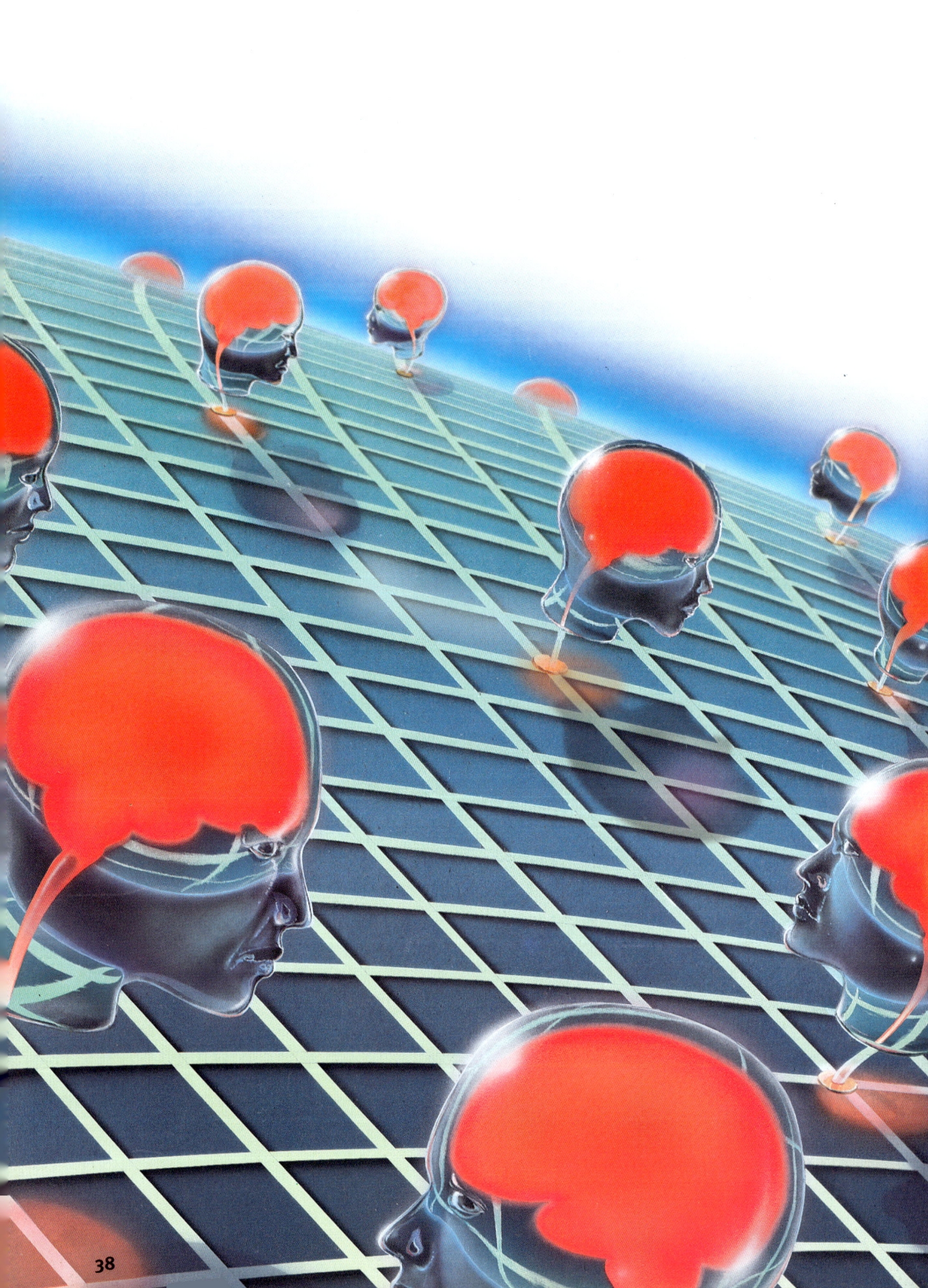

Multimedia im Internet: Das World Wide Web

WORLD WIDE WEB
Bedeutet „weltweites Netz" und ist ein Informationssystem innerhalb des Internet. Der Begriff bezieht sich strenggenommen nur auf die Bedieneroberfläche des Nets, also auf die Homepages mit ihren Befehlmenüs. Web-Seiten sind mit HYPERLINKS – das sind Verbindungspunkte zu anderen Seiten oder HOMEPAGES – und MULTIMEDIADOKUMENTEN ausgestattet.

Was ist das World Wide Web und wie ist es entstanden?

Das **Internet** ist ein großes Netz, das aus vielen kleineren **Netzwerken** zusammengesetzt ist. Es besteht aus unterschiedlichen Teilen, die alle verschiedene Aufgaben haben. Das sind zum Beispiel **FTP**, **Gopher** oder **E-Mail** (darüber mehr im nächsten Kapitel). Früher musste man, wenn man sich in diesen Teilen des Internets bewegen wollte, seltsame Zeichen eingeben und komplizierte Programme beherrschen.

Außerdem waren die Seiten im Internet reine Textseiten. Es gab keine Bilder, gar nicht zu reden von Ton und Musik oder Videos. Doch seit 1992 ist das anders. Damals wurde am Conseil Européen pour la Recherche Nucléaire (CERN) in der Schweiz ein neuer Internet-Informationsdienst entwickelt, der zwei Voraussetzungen erfüllte: Er war leicht zu bedienen und sehr vielseitig. Dieser Dienst wurde **World Wide Web** oder kurz **WWW** genannt. World Wide Web bedeutet „weltweites Netz". Ein weit verbreiteter Irrtum ist, dass das Web das Internet ist. Das ist es nicht! Obwohl fast jeder Teil des Internets mit einem **Web-Browser** erreichbar ist, ist das Web nur ein Teil davon.

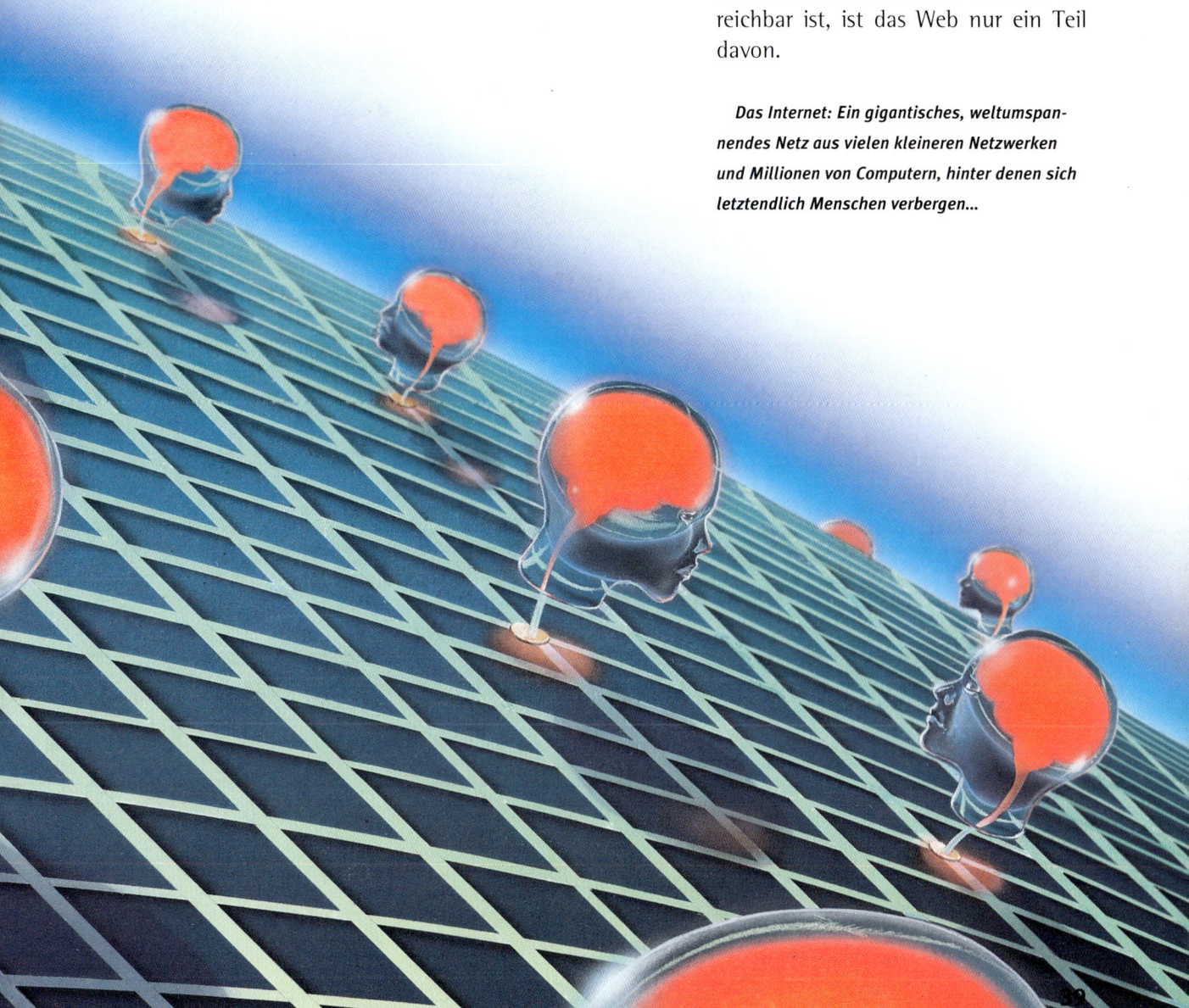

Das Internet: Ein gigantisches, weltumspannendes Netz aus vielen kleineren Netzwerken und Millionen von Computern, hinter denen sich letztendlich Menschen verbergen...

*Multimedia im Internet: Eine bunte Seite im World Wide Web, die die Möglichkeiten des WWW aus-
nutzt.*

Das Web beinhaltet viele Dinge,
aber seine größte Attraktivität geht
von den sogenannten **Homepages** aus,
die Texte, Grafiken, Sound, Animationen und andere **Multimedia**-Elemente
enthalten können und mit **Hyperlinks**
ausgestattet sind. Wenn ich im Internet surfe, bewege ich mich
hauptsächlich auf den Homepages
und in den **Sites** des WWW. Mit anderen Worten ausgedrückt: Alles was
ich normalerweise im Internet, das
heißt auf meinem Bildschirm sehe, ist
das **World Wide Web**.

Heutzutage ist beinahe schon jede
Homepage eine richtige kleine **Multimedia**-Show, wo Sounds erklingen,
Logos blinken oder Videos und Animationen laufen. Durch das World
Wide Web wandelte sich das Internet
von einer Art „Buchstabenwüste", in
der man fast ausschließlich Texte zu
sehen bekam, zu einer kunterbunten
Informationswelt.

Und noch eine Eigenschaft des
World Wide Web macht es zu einer
sogenannten **Killerapplikation** fürs

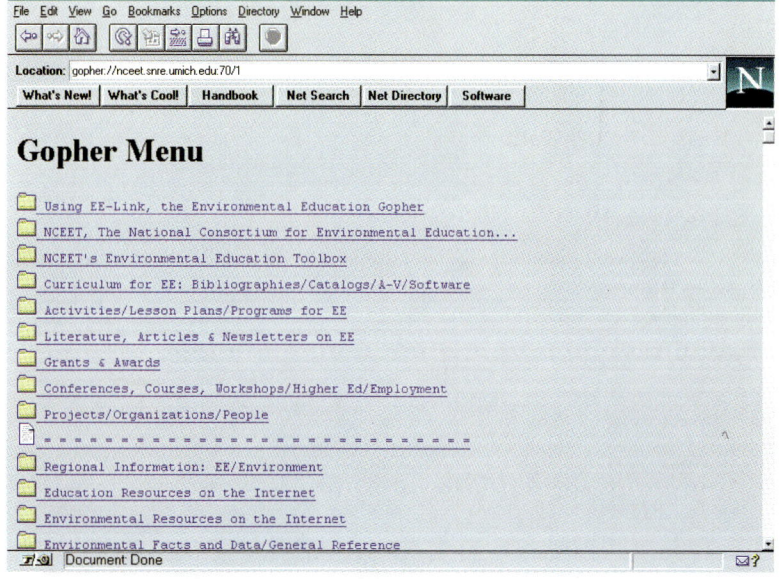

Internet: Man braucht nicht für jeden
einzelnen Internetdienst eine eigene
Software, sondern kann Dienste wie
FTP, **E-Mail** oder **Gopher** über die
WWW-Oberfläche nutzen. Somit ver-
eint das World Wide Web fast das gesamte Internet unter einer Oberfläche,
dem **WWW-Browser**.

*Beispiel einer textorientierten
Seite im Internet: Ein Menü im
Internet-Dienst Gopher.*

HYPERLINK

Hyperlinks oder einfach Links sind unterstrichene oder farbig hinterlegte Wörter und Textteile auf den Web-Seiten. Wenn man sie anklickt, springt man automatisch auf eine andere Homepage oder Web-Site, die mit der ersten „verlinkt", das heißt verknüpft ist.

HYPERTEXT

könnte man mit Super- oder Riesen-Text übersetzen. Hypertext-Dokumente, also die einzelnen Homepages oder Sites, sind alle miteinander durch Hyperlinks zu einem riesigen Hypertext verbunden. Ein Hypertext-Dokument enthält nicht nur Text, sondern auch Grafiken, Bilder und sogar Sounddateien und Videos. Ein wesentliches Merkmal eines solchen Dokuments sind Hyperlinks, die eine Verbindung zu einem anderen Hypertext-Dokument herstellen.

HTML

WWW-Seiten werden mit der Befehlssprache HTML (Hypertext Markup Language) erstellt. HTML teilt dem Browser über Befehle mit wie Texte, Grafiken und Multimedia-Dateien dargestellt werden müssen. Außerdem enthält HTML die Verknüpfungsbefehle, die Homepages und Web-Sites über Hyperlinks miteinander verbinden.

Wie funktioniert das World Wide Web?

Surfen im World Wide Web ist ganz einfach: Nach dem Aufbau einer Internet-Verbindung über den Provider oder deinem Online-Dienst startest du deine WWW-Software, den **Web-Browser** und gibst in die sogenannte **Navigationsleiste** die **Adresse** eines WWW-Angebots ein. Wenn du dann auf der **Homepage** eines WWW-Angebots gelandet bist, zum Beispiel auf der Tessloff-Homepage, bewegst du dich mittels **Hyperlinks**, das sind Verknüpfungen zu anderen Web-Seiten, durch das Web. Die **Homepages** und **Web-Sites** sind miteinander über das sogenannte **Hyper**text-Format verbunden, das es möglich macht, sich über die Hyperlinks von einer Homepage zur nächsten zu bewegen.

Was hinter dem World Wide Web steckt, ist eigentlich eine riesengroße Bibliothek. Da sie keine wirklichen Bücher enthält, spricht man von einer **virtuellen Bibliothek**. Jedes einzelne Angebot im World Wide Web ist ähnlich wie ein Buch aufgebaut. Es gibt unterschiedlich große „Bücher"; einige sind mit farbigen Bildern oder Illustrationen ausgestattet, andere wiederum enthalten nur Text. Und auch im World Wide Web spricht man von „Seiten", nennt sie aber **Web-Seiten**, um sie von gedruckten Seiten zu unterscheiden. Doch es gibt einen

Adresszeile für die URL

aufgerufene Seite

Statuszeile:
Wie weit ist eine Seite bereits geladen.

Back — Schaltfläche, um zur vorherigen Seite zurückzuspringen.

Forward — Schaltfläche, um zur nächsten Seite zu springen.

Home — Zurück zur Homepage.

Reload — Diese Seite nochmals laden.

Open — Ein Fenster öffnet sich, in das man eine URL eingeben kann.

Print — Inhalt des Fensters der aufgerufenen Seite drucken.

Stop — Unterbrechen des Ladevorgangs einer Seite.

großen Unterschied zwischen dem World Wide Web und einer „wirklichen" Bibliothek: Während in einer Bücherei alle ausleihbaren Bücher an einem Ort stehen, liegen die Millionen von WWW-Angeboten auf der ganzen Welt verstreut auf **Servern**, den Web-Servern. Wenn man sich im World Wide Web bewegt stöbert man sozusagen in ganz vielen Server-Bibliotheken, die zum Beispiel in Universitäten stehen.

Will man ein Angebot aus der virtuellen Bibliothek haben, so muss man sich die entsprechenden Daten von einem Rechner irgendwo auf der Welt für die Zeit der Nutzung auf den eigenen Computer holen. Dazu braucht man aber nicht genau zu wissen, in welchem Ort oder Land der jeweilige Anbieter sitzt, sondern man muss nur dessen **Adresse** haben. Diese „Adresse" hat übrigens nichts mit dem Ort zu tun, an dem der Anbieter der WWW-Seiten wohnt.

Um das World Wide Web nutzen zu können, braucht man eine spezielle **Browser**-Software, mit der man auf das World Wide Web zugreifen kann. Es gibt grafikorientierte Browser und zeichenorientierte Browser. Die zeichenorientierte WWW-Software kann keine Bilder, Grafiken oder multimediale Elemente auf WWW-Seiten anzeigen. Deshalb sind heute fast nur noch grafikorientierte Browser im Einsatz.

Web-Server sind Computer, auf denen WWW-Seiten gelagert sind. Um von ihnen Daten abzurufen, wird ein bestimmtes Kommunikationsprotokoll benutzt: das **Hypertext Transfer Protocol** oder kurz **HTTP**. Es regelt die Kommunikation zwischen den WWW-Servern, auf denen das Datenmaterial liegt, und dem Computer des Nutzers (**WWW-Clients**), der die Dokumente angefordert hat. Die **Client-Software**, die auf einem privaten Computer für

das World Wide Web eingesetzt wird, ist der Web-Browser. Die Kommunikation zwischen dem privaten, am Internet angeschlossenen Computer und dem Web-Server läuft nach dem **Client/Server-Modell**.

Will man sich ein Angebot aus dem WWW auf seinen Rechner herunterladen, so geschieht das in vier Schritten:

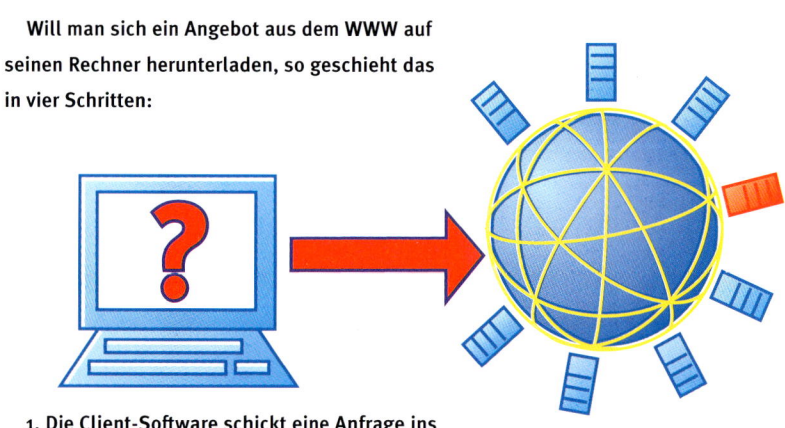

1. Die Client-Software schickt eine Anfrage ins World Wide Web, ob es überhaupt einen Server mit dem entsprechenden Angebot gibt.

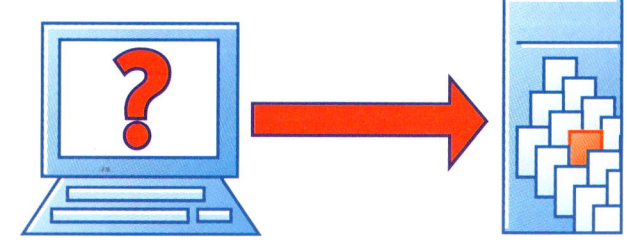

2. Die Client-Software startet eine Anfrage, ob die verlangte Seite aus dem Angebot auf dem Server vorhanden ist.

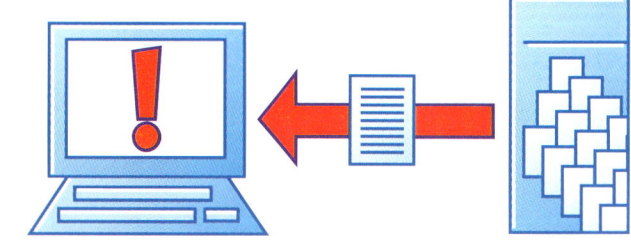

3. Der WWW-Server schickt als Antwort die geforderte Seite oder eine Meldung, dass es diese Seite nicht gibt.

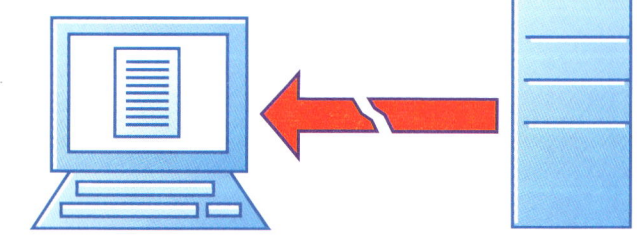

4. Die Verbindung wird beendet.

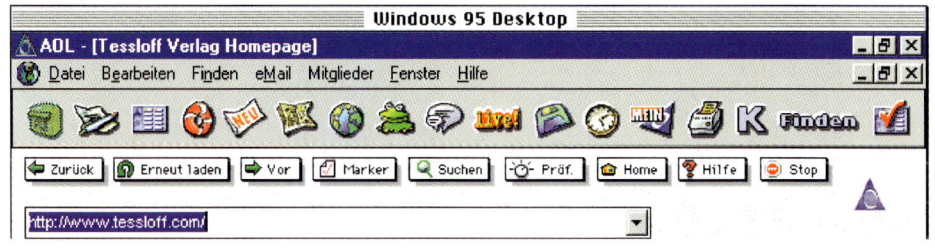

URL

Die Abkürzung steht für Uniform Resource Locator, was übersetzt soviel heißt wie „einheitlicher Herkunftsort-Finder". Bei der Eingabe der URL sollte man immer ganz genau aufpassen, denn beim kleinsten Tippfehler kann der Browser die gesuchte Adresse nicht finden.

Was sind WWW-Adressen?

Um sich im World Wide Web von einem Angebot zum nächsten zu bewegen, gibt es zwei Möglichkeiten: Einmal über Querverbindungen (**Hyperlinks**), die man auf einer Web-Seite findet, oder, wenn man die **Adresse** einer **Homepage** weiß, über die **Adresszeile** der Browser-Software.

Überall im täglichen Leben begegnen einem heutzutage Firmen, Institutionen oder sogar Privatpersonen, die ihre Internet-Adresse auf Visitenkarten, in Zeitschriftenwerbungen oder im Fernsehen veröffentlichen. Meistens handelt es sich dabei um eine Homepage-Adresse des World Wide Web, erkennbar an dem „www" beziehungsweise dem „http" innerhalb der Zeile. Eine komplette **WWW-Adresse** nennt man **URL**. URLs funktionieren genauso wie richtige Adressen, die man auf Briefe oder Pakete schreibt. Jede WWW-Seite im Internet, und davon gibt es inzwischen Millionen, hat eine eigene URL.

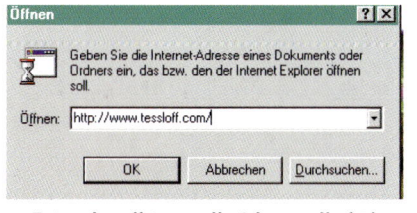

Entweder gibt man die Adresse direkt in die Adresszeile des Browsers ein, oder man geht über den Button „Open" und trägt dort die URL ein.

Anhand des Aufbaus der URL kann man meistens genau erkennen, um was für einen Web-Anbieter es sich handelt, zum Beispiel, ob es eine Firma oder eine Privatperson ist, woher er kommt (oder zumindest wo der **Server** steht, auf dem die Homepage liegt) und auf welcher Ebene oder Seite innerhalb des Angebots man sich befindet.

Ein Beispiel: http://www.tessloff.com/news/. Der erste Teil der Tessloff-URL, „http://", bezeichnet das **Internet-Protokoll**, mit dem der Browser Verbindung zum angewählten Web-Server aufnimmt. In diesem Fall ist es das **Hypertext Transfer Protocol (http)**. Der zweite Teil, „www.tessloff.com", ist die sogenannte **Domain**. Sie beginnt bei Web-Adressen meistens mit „www" für World Wide Web. Die Domain steht für den Server (Computer), den man anwählt. In unserem Beispiel ist das der Server, der in Nürnberg im Tessloff Verlag steht und über den man

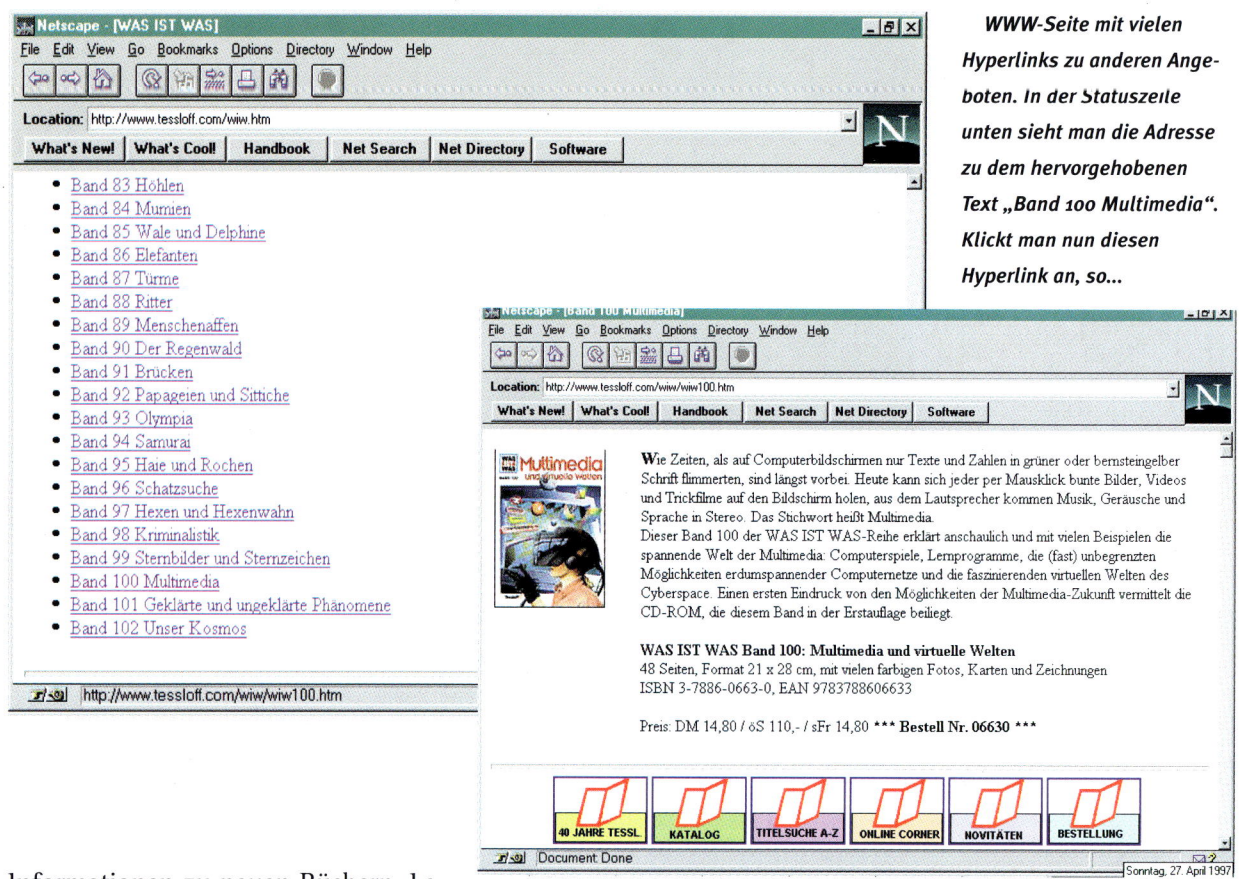

WWW-Seite mit vielen Hyperlinks zu anderen Angeboten. In der Statuszeile unten sieht man die Adresse zu dem hervorgehobenen Text „Band 100 Multimedia". Klickt man nun diesen Hyperlink an, so...

Informationen zu neuen Büchern, Leseproben oder Aktuelles zur Marsmission abfragen kann. Die Abkürzung **com** steht für „Company" und bedeutet, dass es sich um das Internet-Angebot einer Firma handelt (siehe Kasten Domain-Vergabe). Statt „com" könnte theoretisch auch „de" stehen. Da-ran könnte man erkennen, dass der Server, auf dem die Tessloff-Homepage liegt, in Deutschland steht. Der dritte Teil der URL, „news", gibt an, in welchem Bereich man sich innerhalb des Online-Angebots des Tessloff-Verlags bewegt. In diesem Fall also auf der Seite Tessloff-„News". Dieser Teil der URL kann beliebig lang sein und wird vom Betreiber selbst festgelegt. Der zweite Teil der Adresse, die Domain, muss dagegen angemeldet werden (siehe auch Kapitel 1). Unter „www.tessloff.com" findet man in der ganzen (Internet-)Welt nur ein Angebot: das des Tessloff-Verlags aus Nürnberg. Niemand sonst darf diese Adresse benutzen.

Wie bewege ich mich über Hyperlinks?

Die zweite Möglichkeit, sich im World Wide Web zu bewegen, sind Querverbindungen, sogenannte **Hyperlinks** oder einfach Links. Schaut man sich als WWW-Nutzer eine Seite im Internet an, fällt auf, dass innerhalb der Texte Wörter unterstrichen oder farbig unterlegt sind. Bewegt man den Cursor über diese hervorgehobenen Wörtern, so erscheint unten in der **Statuszeile** des **Browsers** eine WWW-Adresse, die mir sagt, wo ich lande, wenn ich den Link anklicke. Das kann eine Stelle im gleichen Web-Dokument sein, der Link kann aber auch zu einer anderen **Homepage** im Web führen.

Doch nicht nur Texte können Hyperlinks enthalten. Auch Grafiken oder Bilder können mit anderen Internet-Seiten „verlinkt" werden. Hyperlinks machen die besondere Attraktivität

... springt man auf die Seite mit dem 100. Band der Was-ist-Was-Reihe.

HYPERLINK

Hyperlinks oder einfach Links sind unterstrichene oder farbig hinterlegte Wörter und Textteile auf den WEB-SEITEN. Wenn man sie anklickt, springt man automatisch zu einer andere Stelle in einem Dokument oder auf eine andere Homepage oder Web-Site, die mit der ersten „verlinkt", das heißt verknüpft ist. Hyperlinks machen einen Text zu einem HYPERTEXT, der mit vielen anderen Texten oder Dokumenten zu einem riesigen Netz miteinander verbundener Texte verwoben ist.

DOMAIN-VERGABE

Will man eine eigene **Homepage** ins Internet stellen, braucht man zunächst einen **Server**, auf dem die Homepage beziehungsweise die Site gespeichert wird, und der über eine Verbindung zum **Internet** verfügt. Firmen haben oft eigene Server, Privatpersonen können ihre Sites auf den Servern der **Online-Dienste** lagern. Hat man die Homepage entworfen, braucht man eine **Adresse**, zum Beispiel „www.leser.de". Hinter dem „de"-Kürzel verbergen sich alle Internet-Angebote, die in Deutschland zugelassen sind. Diese de-**Domains** oder zu deutsch de-Domänen vergibt und verwaltet das **Deutsche Network Information Center** (DENIC) am Rechenzentrum der Universität Karlsruhe. Jedes ans Internet angeschlossene Land hat solche Network Information Center. Andere Länderdomains sind zum Beispiel „it" für Italien, „us" für USA oder „uk" für Großbritannien. Mitte 1997 gab es über 60.000 „de"-Adressen im Internet, die alle von Karlsruhe aus verwaltet und überwacht werden. Will man eine „de"-Homepage ins Web stellen, muss man im Karlsruher Rechenzentrum anfragen, ob die Domain bereits besetzt ist. Wenn sie noch frei ist, kann man gegen eine Gebühr den Namen anmelden. Es gibt auch eine Internet-Seite, mit deren Hilfe man feststellen kann, ob eine bestimmte de-Domain bereits besetzt ist (siehe Screenshot).

Neben den Länderdomains gibt es auch sogenannte thematische Domains. Dazu gehört zum Beispiel „com", das für Company (Firma) steht. Thematische Domains werden vom InterNIC (International Network Information Center) in den USA vergeben. Da die Domains inzwischen knapp werden (Mitte 1997 wurden monatlich 100.000 neue Adressen beantragt, vor zwei Jahren waren es noch 200), haben sich eine Reihe internationaler Institutionen und Firmen im Mai 1997 darauf geeinigt, neben „com" neue thematische Domains einzuführen.

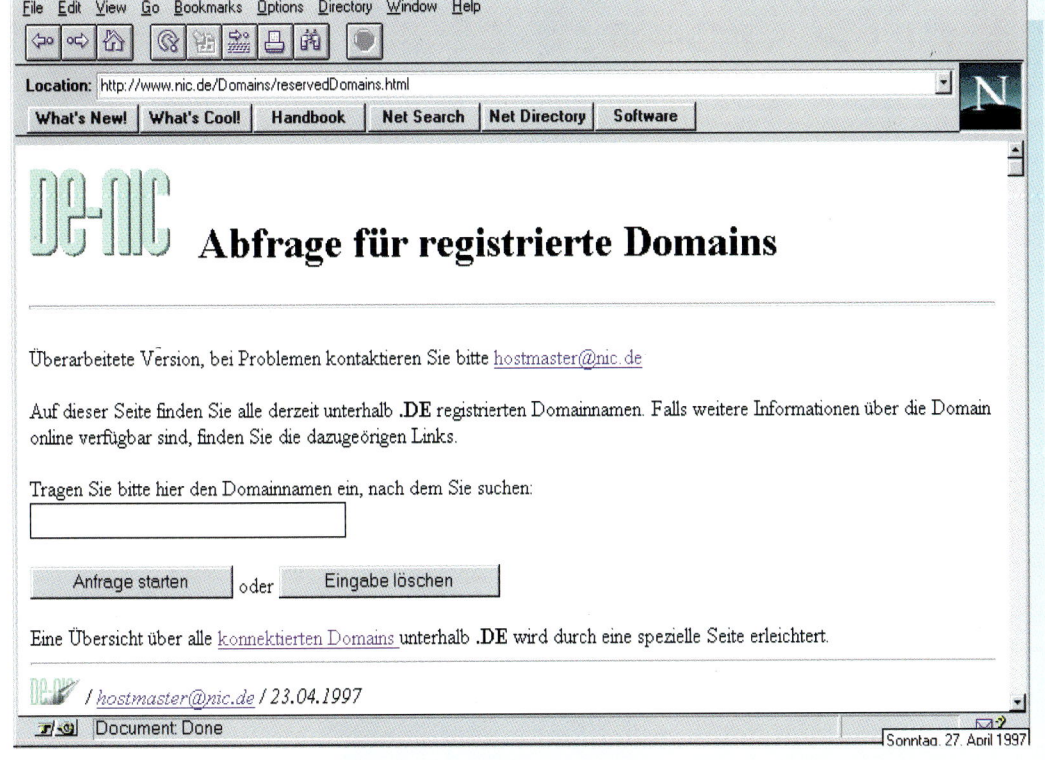

➤	**Interner Hyperlink**
➤	**Externer Hyperlink**

des Web aus. Der **User** kann selbst bestimmen, wie er Texte liest. Er kann jederzeit zu anderen Textstellen springen, vor- und „zurückblättern" oder sich zu einem ganz neuen Thema durchklicken, auf das man beim Lesen plötzlich gestoßen ist.

Ein Beispiel: Man befindet sich auf einer Fußball-Seite. Dort sind die Bundesligavereine aufgelistet und durch ein Hyperlink verbunden mit weiteren Informationen der Vereine. Springt man nun auf die Seite von Bayern München, tauchen dort Quer-

verbindungen zu den einzelnen Spielern auf. Sucht man sich nun einen Lieblingsfußballer aus und springt auf dessen Homepage, steht dort vielleicht etwas über seine Hobbys, zum Beispiel Basketball. Und plötzlich ist man auf der Homepage der National Basketball Association gelandet.

Um auf dieser Abenteuertour durchs Internet nicht verloren zu gehen, gibt es im **Web-Browser** den „Back"-Button (Zurück-Knopf). Der Browser „merkt" sich die letzten Stationen einer Online-Sitzung, und man kann zu den zuletzt geladenen WWW-Seiten zurückgehen.

Was sind Plug-ins?

Wenn man im World Wide Web Seiten aufruft, werden nicht nur Texte übertragen, sondern auch Bilder oder Grafiken. Der **Web-Browser** muss die verschiedenen Formate dieser Dateien lesen können und auf dem Bildschirm sichtbar machen. Das geht bei den meisten Bildformaten ohne Probleme. Auch Animationen, die mit der Programmiersprache **Java** geschrieben wurden, können die neueren Web-Browser ohne Probleme sichtbar machen. Für bestimmte Dateiformate allerdings braucht die WWW-Software Zusatzprogramme, die **Plug-ins** heißen. Diese Programme lädt man sich aus dem Internet herunter und kann sie in die Browser-Software einbinden. Plug-ins werden für eine bestimmte Browser-Software geschrieben, funktionieren auch nicht ohne diesen und können auch nicht in einen anderen Browser integriert werden.

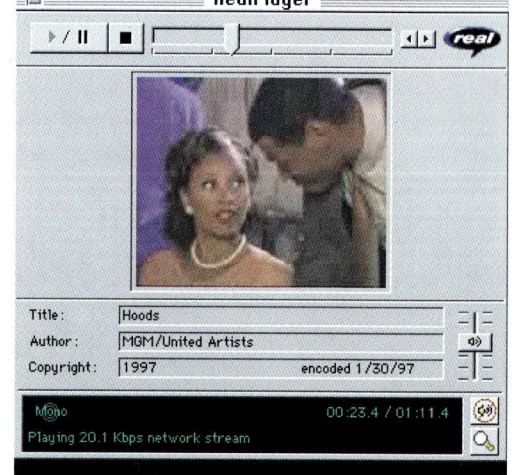

Ein Beispiel eines Plug-Ins (vom englischen „plug" = „Stecker"): Mit dem Zusatzprogramm „Real-Player" kann man sich Videos ansehen.

Atemberaubendes Interesse

Am ersten Wochenende im Juli 1997 verfolgten Millionen von Menschen am TV-Bildschirm die erste Fahrt eines von Menschen gesteuerten Fahrzeugs auf dem Planeten Mars. Die US-amerikanische Sonde „Pathfinder" funkte schwarz-weiße Bilder zur Erde, die dort in spektakuläre Farbbilder umgesetzt wurden und die ganze Welt in ihren Bann zogen. Doch viele Astronomie-Fans ließen sich nicht mit verspäteten Bildern in Nachrichten-sendungen abspeisen und wollten das Ereignis live via **Internet** erleben. Die US-Weltraumorganisation NASA hatte deswegen ein Angebot zur Mars-Expedition im World Wide Web bereitgestellt. Dort wurden die aus dem Weltall gefunkten Bilder in Minutenschnelle präsentiert. Zusätzlich gab es immer die neuesten Nachrichten sowie weitere Informationen über unser Sonnensystem oder den roten Planeten Mars. Um das erwartete Interesse der Internet-Nutzer befriedigen zu können, hatte die NASA nicht nur einen Rechner mit den Mars-News gespeist, sondern insgesamt 22 Server weltweit mit dem Material ausgestattet. Und obwohl alle Computer zusammen 90 Millionen Zugriffe am Tag verkraften konnten, waren die Leitungen zu diesen Servern zeitweise lahmgelegt. Der Grund: Über 50 Millionen Internet-Surfer wollten an diesem Wochenende die atemberaubenden Bilder aus dem All im World Wide Web sehen!

Alles vorbereitet für die Mars-Expedition im Internet: 22 Rechner weltweit boten Material zur spektakulären Pathfinder-Mission.

Nicht nur aktuelle Neuigkeiten und Bilder, sondern auch viel Hintergrundmaterial zur Expedition und zum Planeten Mars bot die NASA im World Wide Web.

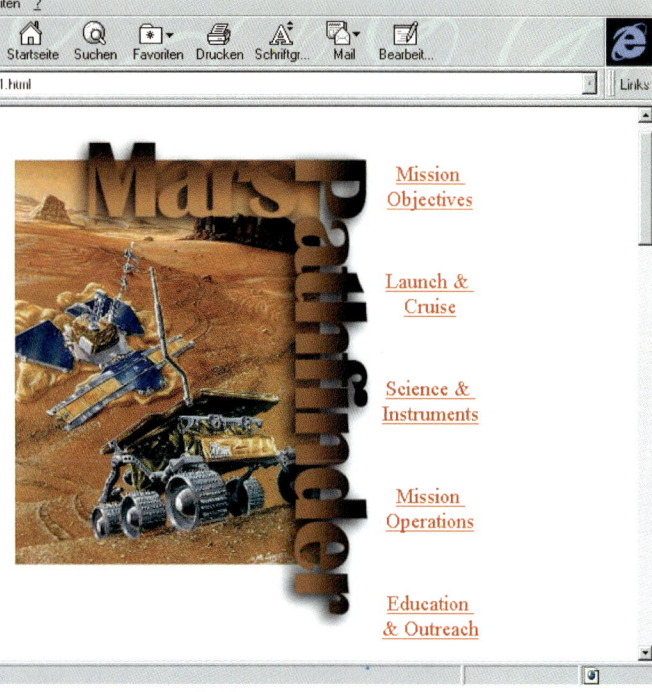

Wie finde ich Angebote im Internet?

Wir wissen nun bereits, wie wir uns im World Wide Web bewegen können. Was ist aber, wenn man die **Adresse** eines Angebots nicht kennt? Oder wenn man allgemeine Informationen zu einem Thema sucht wie Nick im ersten Kapitel dieses Buches? Dann braucht man eine Hilfe, die sich in den Millionen von WWW-Seiten des Internets auskennt. Solche Hilfen gibt es zum Glück sehr zahlreich: die **Suchmaschinen.** Sie bieten die verschiedensten Möglichkeiten, wie man nach Angeboten suchen kann. Bevor wir aber zu den Suchmaschinen kommen, noch zwei Tipps, mit denen man sich die Suche vereinfachen kann: Um beispielsweise die **Homepage** einer Firma zu finden, muss man nicht unbedingt eine Suchmaschine in Anspruch nehmen. Die meisten Firmen oder Institutionen versuchen, ihren Namen in die **WWW-Adresse** einzubauen. Sucht man nun etwa die Homepage des Tessloff Verlags, wäre folgende Adresse „logisch": „http://www.tessloff.de". Der erste Teil, „http://www.", ist klar, da es sich um eine Web-Adresse handelt. Und da der Tessloff Verlag seinen Sitz in Nürnberg hat, versucht man zunächst das Kürzel „de" für Deutschland. Jetzt bekommen wir aber die Meldung, dass der Verlag unter dieser Adresse nicht zu finden ist. Also müssen wir weiter probieren. Eine weitere Möglichkeit wäre das Kürzel „com" für Company, also „http://www.tessloff.com". Richtig geraten – wir sind auf der Tessloff-Homepage gelandet!

Genauso kann man auch bei anderen **Web-Adressen** vorgehen. Universitäten in Deutschland findet man beispielsweise meist unter „http://www.uni-<stadt>.de". Für <stadt> setzt man einfach den gesuchten Ort ein. Eine zweite Möglich-

Ein Themenkatalog, der sich auf deutsche Angebote im WWW spezialisiert hat.

keit, an Adressen heranzukommen, die man nicht genau kennt, sind sogenannte **Link-Listen.** Viele Internet-Nutzer legen auf ihren WWW-Seiten Listen an, in denen sie interessante **Hyperlinks** ablegen. Stößt man auf eine solche Link-Liste, findet man oft sehr viele und gute Informationen zu einem Thema. Wenn diese Tricks nicht helfen oder man nach einem ganz bestimmten Thema suchen will, so wendet man sich an Suchmaschinen.

AGENTEN

Suchmaschinen sind wichtige Helfer, wenn man immer mal wieder etwas zu einem Thema sucht. Wenn man aber täglich wissen muss, was es Neues zu einem bestimmten Thema im Internet gibt, sind Suchmaschinen sehr umständlich. Dafür gibt es Agenten. Das sind Programme, die man sich für seine Bedürfnisse einstellen kann und die regelmäßig auf die Suche nach Informationen im Internet gehen. Erste Projekte dieser Art gibt es bereits. So kann man sich beispielsweise seinen ganz persönlichen Nachrichtendienst zusammenstellen lassen. Oder man kann einen Agenten durchs Netz schicken, der einem die billigsten Online-Angebote für den Kauf einer CD sucht.

SUCHMASCHINEN

Die bekanntesten Suchmaschinen und ihre URLs sind:
YAHOO! (deutsche Version):
http://www.yahoo.de
YAHOO! (US-Version):
http://www.yahoo.com
ALTAVISTA: http://www.altavista.digital.com
LYCOS (deutsche Version):
http://www.lycos.de
LYCOS (US-Version):
http://www.lycos.com
WEB.DE: http://www.web.de

ROBOTER

Roboter sind Programme, die das Internet in regelmäßigen Abständen nach neuen Adressen zu bestimmten Themen durchkämmen. Man nennt sie auch (WEB-)SPIDER („Spinnen") oder (WEB-)CRAWLER („Krabbler"), weil sie auf der Suche nach Informationen überall durch's Web krabbeln. Die gefundenen URLs werden an eine Suchmaschine gemeldet und in einer Datenbank gespeichert.

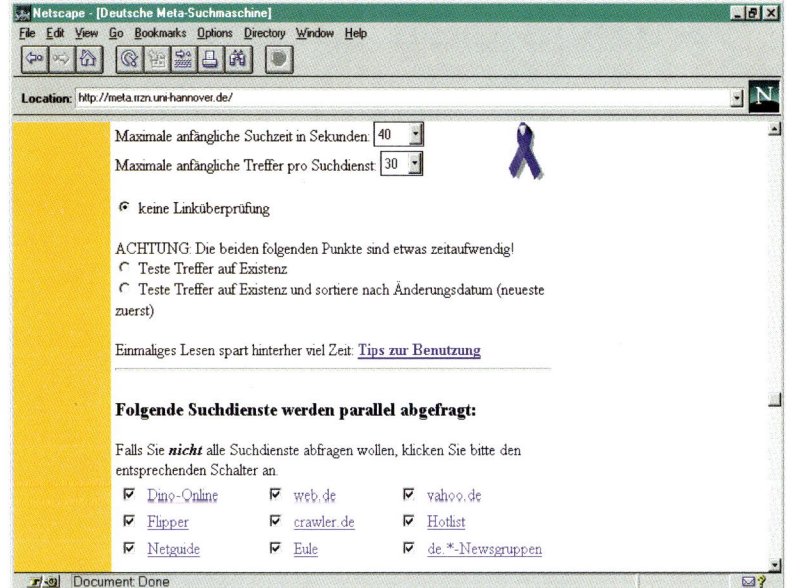

Die Meta-Suchmaschine der Uni Hannover.

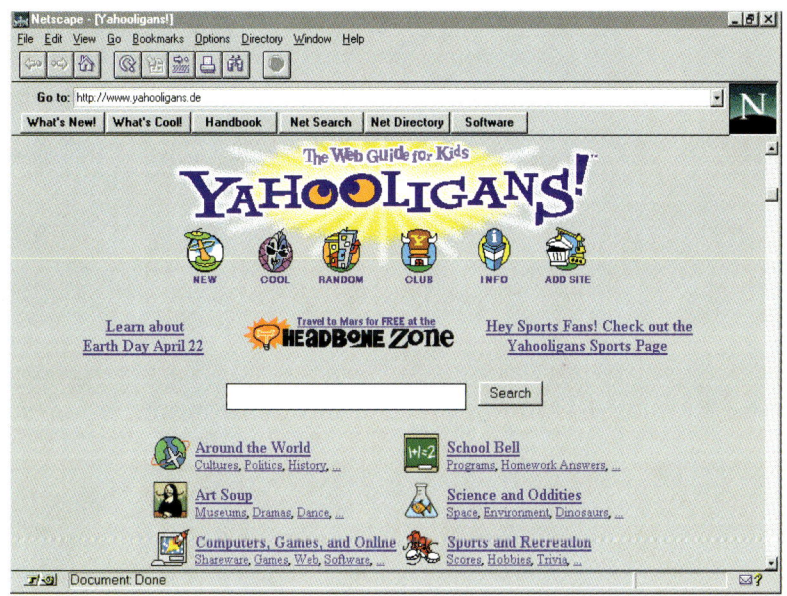

Ein Suchdienst nur für Kinder und Jugendliche, leider aber in Englisch: Yahooligans!

Die meisten Suchdienste haben eine Ecke wie „Site des Monats" oder „coole Sites". Dort findet man besonders gute und interessante Adressen, die von der Redaktion des Suchdienstes ausgewählt wurden. Es lohnt sich immer, dort reinzuschauen, auch wenn man nichts bestimmtes sucht.

Suchmaschinen besitzen große Datenbanken, auf denen **Web-Adressen** gespeichert sind. Sogenannte **Meta-Suchmaschinen** suchen zusätzlich die Datenbanken anderer Suchmaschinen ab. Auf der Suche nach Adressen zu bestimmten Themengebieten schicken Suchmaschinen sogenannte **Roboter** oder **Spider** durch das Internet auf der Suche nach Adressen. Gefundene Adressen werden an die Datenbank geschickt, dort gesammelt und geordnet und dann zum Abruf bereitgehal-

ten. Jede Suchmaschine katalogisiert und organisiert ihre Datenbank anders.

Meist werden die WWW-Angebote in **Themenkatalogen** gesammelt und dann einzelnen Rubriken zugeordnet, wie zum Beispiel „Umwelt", „Kultur" oder „Sport".

Doch wie sucht man eigentlich Informationen mit Hilfe von Suchmaschinen? Eine Möglichkeit ist, sich über den **Themenkatalog** auf der Homepage des Suchdienstes per Links nach und nach zur gesuchten Adresse durchzuklicken. Wenn man beispielsweise Informationen zur Raumstation Alpha sucht, klickt man zunächst mal die Rubrik „Naturwissenschaft und Technik" an. Dann erscheint eine neue Themenliste, auf der man „Astronomie" anklickt. Auf der nächsten Liste erscheint vielleicht der Begriff „Verlage", man klickt weiter und landet schließlich auf der Homepage des Tessloff Verlags, der ein Buch und eine CD-ROM zur Internationalen Raumstation herausgebracht hat. Die andere Möglichkeit ist es, in ein Eingabefeld auf der **Homepage** den gesuchten Begriff einzutippen – zum Beispiel „Navajo". Dann klickt man auf den Button „Suchen" oder englisch „Search". Jetzt wird eine Anfrage vom eigenen Rechner zum Rechner des Suchdienstes gestartet. Der durchforstet seine Datenbank und stellt eine Liste der zu diesem Begriff passenden Seiten zusammen. Diese Liste bekommt man dann anschließend auf den Rechner geschickt. Da die Liste mit **Hyperlinks** zu den Originalseiten ausgestattet ist, kann man von der Antwortseite der Suchmaschine direkt zu dem ausgesuchten Angebot springen. Ein Problem daran ist, dass man oft Listen mit mehreren Tausend oder sogar Hunderttausend Begriffen zugeschickt bekommt. Es kann manchmal recht mühsam sein, sich daraus das passende Angebot zu suchen.

Die anderen Dienste des Internet

Welche Dienste gibt es noch?

Im Internet tummeln sich Nutzer mit ganz unterschiedlichen Bedürfnissen und Interessen. Der eine will nur neue Software online abrufen, der andere benötigt Informationen für seinen Beruf, ein Dritter verbindet seinen Computer mit dem Internet, um seine elektronische Post abzurufen. Alle diese Dinge leistet das Internet. Zu diesem Zweck hat es viele spezielle Dienste und Programme, die sich jeweils nur mit einer Aufgabe befassen. Das **E-Mail-System** ist zum Beispiel nur dazu da, elektronische Post zu versenden und zu empfangen. Weitere Dienste sind **Archie, Telnet, Gopher, FTP** oder das **Usenet.**

Mit FTP kann man sich Dateien herunterladen, Gopher und Archie sind dazu da, Dateien oder Informationen zu finden, und mit Telnet kann man sich in einen fremden Rechner einwählen.

TELNET

Über Telnet kann man sich in fremde Computer im Internet einwählen. Man arbeitet dann nicht mit Programmen am eigenen Computer, sondern mit Programmen auf dem entfernten fremden Rechner. So kann man sich beispielsweise über Telnet in den Rechner einer Bibliothek einwählen und über das dortige Menü in den Beständen der Bibliothek forschen

ARCHIE

Ist eine Internet-Suchmaschine, mit deren Hilfe man Dateien und Programme auf FTP-Servern finden kann. Archie-Spider durchforsten ständig FTP-Server auf der ganzen Welt, um Informationen über FTP-Programme oder -Dateien zu finden und in einer Datenbank zu speichern.

Alle diese Dienste sind älter als das **World Wide Web** und für Spezialaufgaben zuständig. Das World Wide Web hingegen könnte man als Universaldienst des Internets bezeichnen. Es hat einerseits viele Aufgaben der einzelnen Internet-Dienste selbst übernommen, andererseits kann man mit Hilfe eines **WWW-Browsers** auch auf diese Dienste zugreifen. Will man beispielsweise Dateien von einem **FTP-Server** abrufen, braucht man keine spezielle Software. Technisch gesehen gehört FTP zwar nicht zum World Wide Web des Internet, aber mit Hilfe eines Web-Browsers geschieht der Übergang von einem Internet-Dienst (WWW) zum anderen (FTP) nahtlos und für den Nutzer kaum bemerkbar.

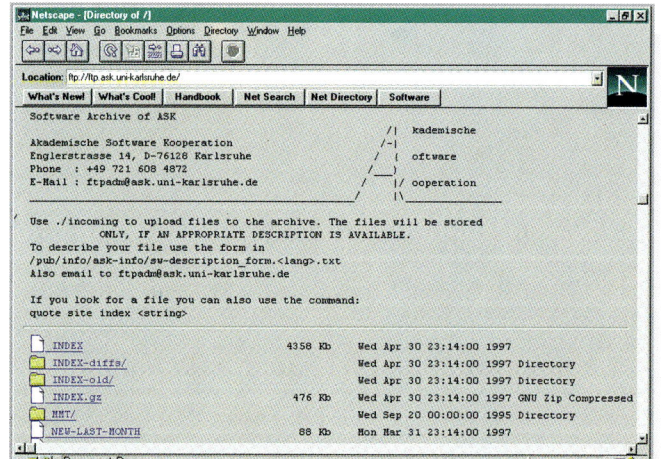

FTP

Das File Transfer Protocol (FTP) ist ein Übertragungsprotokoll und ein Dienst des Internets. Mit Hilfe von FTP kann man Dateien von einem Rechner auf einen anderen übertragen. Diese Daten lagern auf FTP-Rechnern, in die man sich einloggen, d.h. einwählen muss, ehe man mit dem Herunterladen der Datei beginnen kann.

Hat man sich entschieden, welche Datei man herunterladen will, erscheint ein Fenster mit der Frage, in welchem Verzeichnis auf der eigenen Festplatte die Datei gesichert werden soll

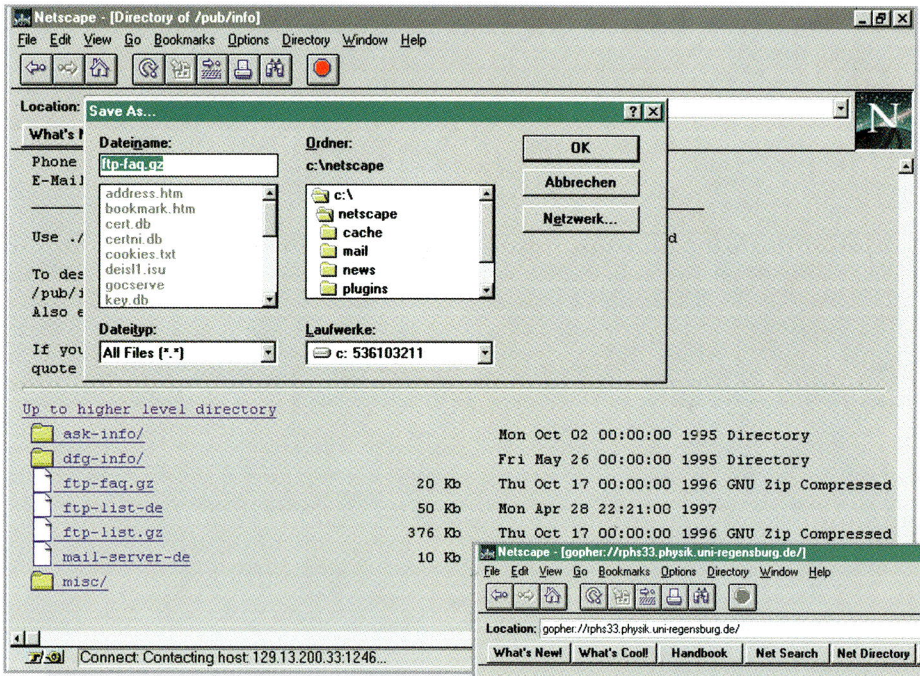

GOPHER

Ist ein System, mit dem Informationsquellen im Internet über ein Menü dem Nutzer zur Verfügung gestellt werden. Zum Beispiel wird das Gopher-System einer Universität dazu benutzt, alle auf verschiedenen Servern der Universität lagernden Informationen über ein Menü zugänglich zu machen. Dabei spielt es keine Rolle, zu welchem Internet-Dienst diese Dateien gehören oder ob die aufgelisteten Dateien Texte, Grafiken oder Multimedia-Elemente enthalten.

Das FTP Software-Archiv der Universität Karlsruhe. Aus einer Liste von Dateien und Unterverzeichnissen kann man sich die gewünschte Datei herauszusuchen.

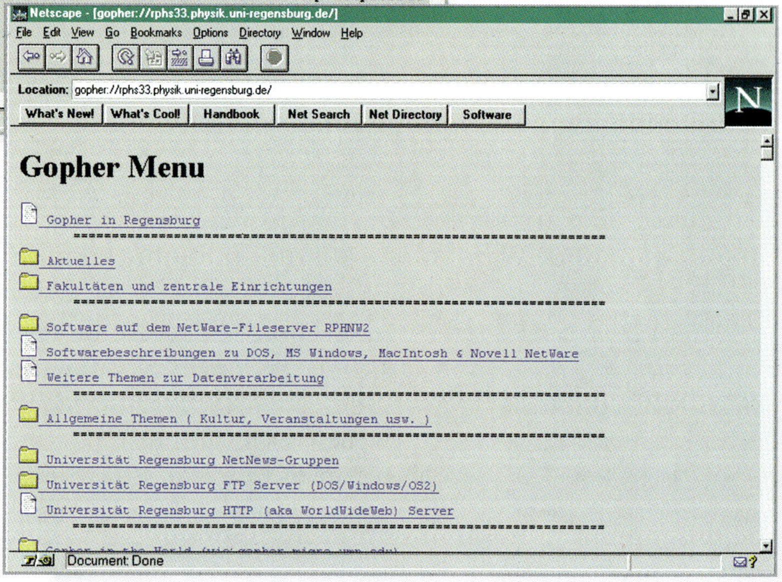

Das Gopher-Menü der Universität Regensburg hält ganz unterschiedliche Informationen bereit, zum Beispiel den Inhalt des FTP-Servers oder das WWW-Angebot der Universität.

1. E-Mail wird verschickt
und zunächst auf dem E-
Mail-Server gespeichert.

2. Rechner fragt beim Server an, ob neue E-Mails angekommen sind.

3. Server schickt neue E-
Mails nach Anfrage an den
Rechner.

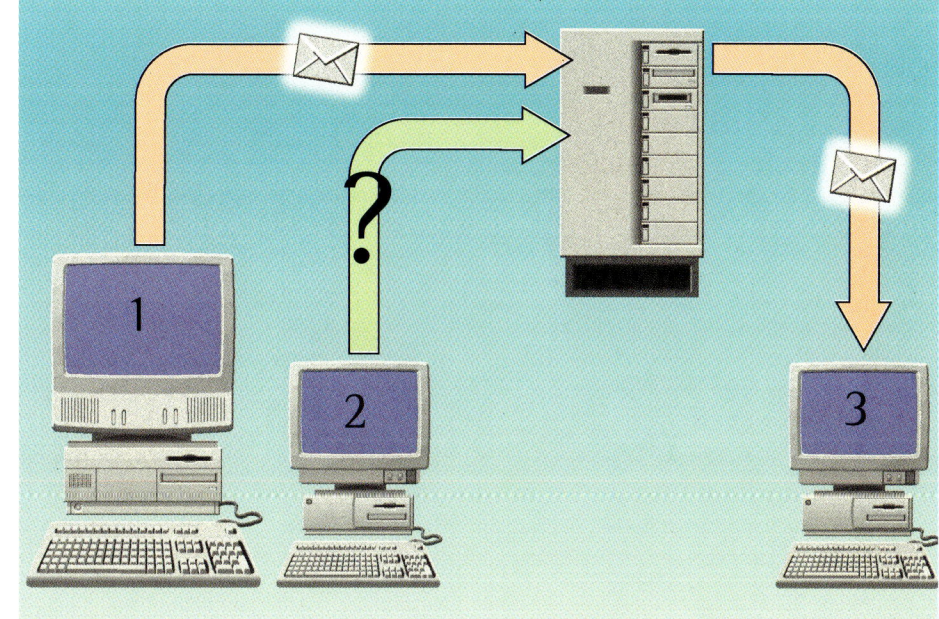

**VERSCHLÜSSELUNG EINER
E-MAIL**

Wird eine E-Mail übers
Internet geschickt, ist der
Inhalt nur wichtig für den Sen-
der und den Empfänger. Doch
die Nachricht durchläuft viele
Internet-Rechner und Verbin-
dungsstellen, wo es theoretisch
möglich ist, die Nachricht zu
lesen. Viele Internet-Experten
vergleichen das Versenden einer
unverschlüsselten E-Mail mit
dem Versenden einer Postkarte.
Die kann zwar nicht jeder lesen,
aber an bestimmten Stellen
(zum Beispiel bei der Post)
bekommen Menschen Zugang zu
dieser Nachricht. Man kann
jedoch auch über das Internet
Nachrichten in einem „geschlossenen Umschlag" verschicken.
Dazu muss man die Nachricht
zunächst verschlüsseln und
beim Empfänger wieder
entschlüsseln. Die gängigste
Verschlüsselungssoftware heißt
PGP (Pretty Good Privacy).

Die große Stärke des Internets ist,
dass man sehr
schnell Daten
austauschen
kann: öffentlich
zugängliche In-
formationen, wie
man sie auf jeder WWW-Seite findet,
aber auch private Informationen, die
mit der elektronischen Post, kurz **E-
Mail**, verschickt werden. Das System
funktioniert im Grunde wie unsere
herkömmliche „gelbe" Post: Man
schreibt eine Nachricht und steckt sie
in einen Umschlag mit der Empfän-
ger- und der Absenderadresse. Beim
Empfänger wird die Nachricht in einer elektronischen **Mailbox** (Briefkasten) abgelegt.

Natürlich gibt es auch Unterschiede: Der wichtigste Unterschied zwischen der herkömmlichen und der
elektronischen Post ist die Geschwindigkeit der Nachrichtenübermittlung.
Mit normaler Post braucht ein Brief
mindestens einen Tag. Ganz anders
bei der elektronischen Version: Selbst
eine E-Mail nach Australien braucht
höchstens ein bis zwei Stunden bis
zum Empfänger, und auch nur dann,
wenn viel Verkehr auf der Datenauto-

Was ist der Vorteil von E-Mail?

bahn herrscht. Ansonsten kommt die
Nachricht blitzschnell an.

Außerdem ist es einfacher, eine E-
Mail zu schreiben. Man muss sich
nicht erst ein Blatt Papier, einen Umschlag und eine Briefmarke besorgen,
sondern schreibt die Nachricht an seinem Computer und schickt sie gleich
los. Eine elektronische Mail ist fast kostenlos: Man bezahlt nur die Telefonverbindung zu seinem Provider, bei
den meisten Internet-Providern sind
die Kosten für den E-Mail-Versand
bereits in der Grundgebühr enthalten.

Um eine Nachricht verschicken zu
können, braucht
man eine Inter-
net-Adresse, die
Adresse des
Empfängers und
ein E-Mail-Pro-
gramm.

Eine eigene **E-Mail-Adresse** bekommt man, wenn man sich bei einem Internet-Provider einen Internet-
Zugang holt. Die Adresse besteht aus
zwei Teilen: Einem „persönlichen"
Teil, der meist aus dem eigenen Namen besteht (zum Beispiel Müller),
und dem Namen des Rechners (**Do-**

Wie verschickt man elektronische Post?

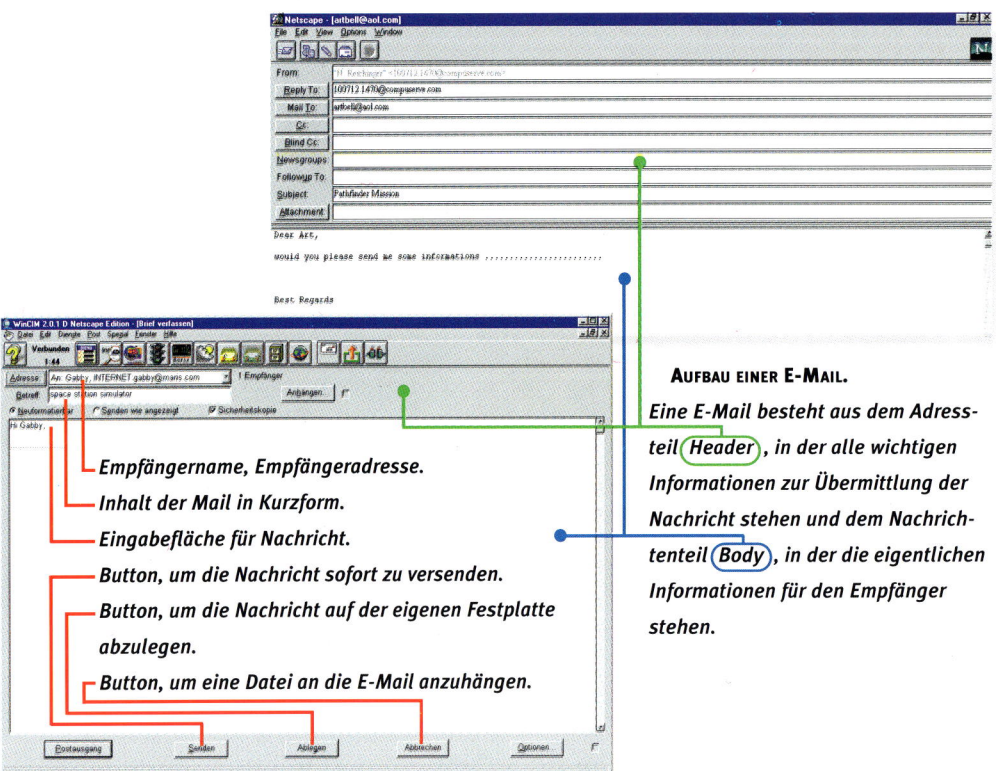

Empfängername, Empfängeradresse.

Inhalt der Mail in Kurzform.

Eingabefläche für Nachricht.

Button, um die Nachricht sofort zu versenden.

Button, um die Nachricht auf der eigenen Festplatte abzulegen.

Button, um eine Datei an die E-Mail anzuhängen.

AUFBAU EINER E-MAIL.

Eine E-Mail besteht aus dem Adressteil (Header), in der alle wichtigen Informationen zur Übermittlung der Nachricht stehen und dem Nachrichtenteil (Body), in der die eigentlichen Informationen für den Empfänger stehen.

main), der den elektronischen Briefkasten zur Verfügung stellt (zum Beispiel tessloff.com). Getrennt werden diese beiden Teile durch ein @, gesprochen „at". Die Beispieladresse lautet also „hafkemeyer@tessloff.com". Die Adressen werden immer klein geschrieben. Umlaute (ä, ö, ü) oder Sonderzeichen (ß) können Internet-Übertragungsprotokolle nicht lesen. Deshalb sollte man sie immer als ae, oe, ue und ss schreiben. Ganz wichtig ist – genau wie bei **Web-Adressen** –, dass die Adresse genau richtig geschrieben wird.

Die Empfängeradresse setzt sich aus einem Namen und der **Domain** zusammen. Auch aus **Online-Diensten** kann man E-Mails ans Internet beziehungsweise an andere Online-Dienste schicken. Man erkennt diese Adressen an den Domains. Beispiele: name@compuserve.com, name@t-online.de oder name@aol.com.

Nachrichten werden genauso verschickt wie andere Daten im Internet. Die Nachricht wird zunächst in „Pakete" zerlegt, „verschickt" und beim Empfänger wieder zusammengesetzt.

Um elektronische Nachrichten schreiben, versenden und lesen zu können, braucht man ein spezielles E-Mail-Programm. Bei **WWW-Browsern** ist bereits ein E-Mail-Programm dabei. Auch kommerzielle Online-Dienste liefern sie meist gleich mit der Zugangssoftware.

Bekommt man eine E-Mail geschickt, so landet die Nachricht erst einmal nicht auf dem eigenen Computer, sondern auf besonderen **Mail-Servern** der **Internet-Provider**. Geht man online, meldet sich die eigene E-Mail-Software beim Mail-Server an und sieht nach, ob Post eingegangen ist. Im Eingangsordner erscheinen die E-Mails in Kurzform (meist enthält ein Eintrag den Absender, eine Kurzform der Nachricht („Betrifft:...") und das Sendedatum. Nun kann man sich die E-Mails einzeln durchlesen oder auf den eigenen Rechner herunterladen.

Neben Nachrichten können auch Text- oder Grafik-Dateien mit Hilfe des E-Mail-Systems verschickt werden. Dazu werden die Dateien einfach an eine E-Mail „angehängt".

@ SPRICH „AT"

Sicher habt ihr euch schon mal gefragt, was dieses Zeichen eigentlich bedeutet. Auf der Tastatur eines PCs drückt man AltGr-Q, beim Mac Shift-Alt-1, und schon erscheint das merkwürdig eingekringelt a im Text. Auch wenn das @ auf der ganzen Welt die gleiche Funktion hat – es trennt Name und Domain in der E-Mail-Adresse –, heißt es überall anders. Die Tschechen und Slowaken nennen es Rollmops, die Polen Kätzchen, die Türken bezeichnen es als Rose und die Nordamerikaner nennen es ganz einfach „at".
Auf Deutsch heißt das @ Klammeraffe oder auch Affenschwanz, innerhalb der E-Mail aber nur „at".

Woher dieses Zeichen kommt, ist unklar. Aber man weiß, dass es schon vor der Erfindung des Computers existierte. Mitte des 16. Jahrhunderts soll @ eine Maßeinheit für 10 Kilo oder 15 Liter gewesen sein.
Vor Erfindung der E-Mail gab es das @ auch schon auf der Computer-Tastatur. Es diente bei einigen Programmen als Zeichen für die Löschtaste.

Für die elektronische Post soll das @ 1972 „entdeckt" worden sein. Damals suchte der Programmierer Ray Tomlison ein Zeichen, das nirgendwo sonst verwendet wird und als Trennzeichen in der E-Mail-Adresse dienen kann.

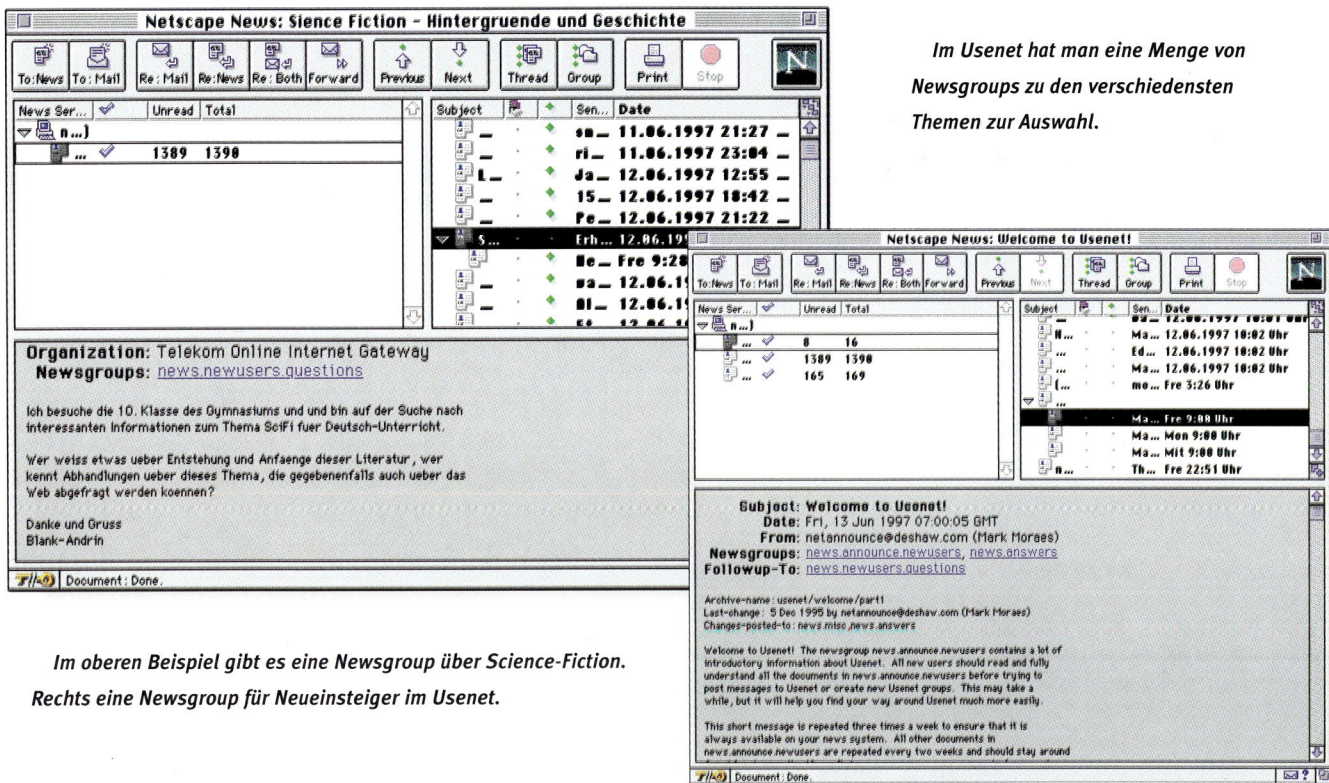

Im Usenet hat man eine Menge von Newsgroups zu den verschiedensten Themen zur Auswahl.

Im oberen Beispiel gibt es eine Newsgroup über Science-Fiction. Rechts eine Newsgroup für Neueinsteiger im Usenet.

EINE AUSWAHL DER WICHTIGSTEN USENET-GRUPPEN:

news	Themen zum Usenet
rec	Themen aus Freizeit und Hobby
sci	wissenschaftliche Themen
soc	Themen aus Gesellschaft und Politik
talk	Allgemeine Diskussionen
comp	Themen rund um den Computer

Was sind Newsgroups und wie kann ich sie nutzen?

Das **Usenet** ist das elektronische Schwarze Brett des Internet. Es besteht aus den sogenannten **Newsgroups**, das sind eine Art virtuelle „Plauderrunden" bei denen sich Nutzer untereinander zu einem bestimmten Thema austauschen. Jeder Nutzer kann diese Nachrichten lesen, auf Beiträge antworten und auch selbst welche schreiben. Es gibt moderierte und nicht-moderierte Newsgroups. Bei moderierten Newsgroups empfängt zuerst ein Moderator alle Nachrichten und entscheidet, welche veröffentlicht werden sollen. Bei nicht-moderierten landen alle Nachrichten direkt auf dem **Server**, von wo aus sie dann jeder abrufen kann.

Um eine der Newsgroups nutzen zu können, braucht man eine Usenet-Software, die mittlerweile ebenso wie die E-Mail-Software Bestandteil der meisten WWW-Browser ist. Newsgroups sind baumartig aufgebaut. Zunächst werden die Nachrichten grob nach Themen aufgeteilt (zum Beispiel findet man unter „soc" Nachrichten zu gesellschaftspolitischen Themen). Dann gibt es innerhalb der Themen weitere Untergruppen (bei „soc" zum Beispiel „culture"). Man hangelt sich von Menü zu Menü, bis man bei den eigentlichen Nachrichten angekommen ist.

Natürlich kann man auch selbst an Diskussionsrunden teilnehmen. Ähnlich wie beim Verfassen einer **E-Mail** schreibt man eine Nachricht, setzt aber als Empfängeradresse nicht irgendeine private E-Mail-Adresse in das entsprechende Kästchen, sondern die **Adresse** der Newsgroup. Sofort erscheint in der Newsgroup die Nachricht und kann von allen Nutzern gelesen werden.

Internet für die Zukunft

Durch die Einführung des **World Wide Web** hat sich das Internet dramatisch verändert. Zwei Dinge haben das WWW besonders populär gemacht: **Hypertext-Dokumente** und in neuerer Zeit **Java-Programme**. Hypertext-Dokumente

Was ist Java?

mit Texten, Grafiken und Bildern sowie der Möglichkeit, über **Hyperlinks** zu anderen WWW-Seiten zu springen, bleiben weiter ein Grundelement des World Wide Web. Java-Programme machen das WWW zu einem echten **Multimedia**-Dienst.

Java ist eine Programmiersprache, der eine große Zukunft vorhergesagt wird. Die Vorteile von Java-Programmen: Sie sind klein, können also schnell über das

PROGRAMMIERSPRACHE

Damit ein Mensch mit einem Computer (der Hardware) arbeiten oder kommunizieren kann, braucht er Programme (Software). Diese werden in unterschiedlichen Programmiersprachen geschrieben, sind also die Basis für die Software. Für unterschiedliche Software-Lösungen gibt es unterschiedliche Programmiersprachen.

In der amerikanischen Umgangssprache bedeutet Java „Kaffee". Das Erkennungszeichen für Java ist deshalb eine dampfende Kaffeetasse. Die Internet-Programmiersprache Java ist plattformunabhängig, das heißt, Programme, die mit dieser Sprache geschrieben werden, laufen auf vielen verschiedenen Computersystemen. Kleine Java-Programme werden auch Java-Applets genannt. Sie benötigen wenig Speicherplatz und können deswegen ganz schnell im Internet übertragen werden. Mit Java können kleine Animationen geschrieben werden (Java-Applets), aber auch größere Programme (Java-Applikationen).

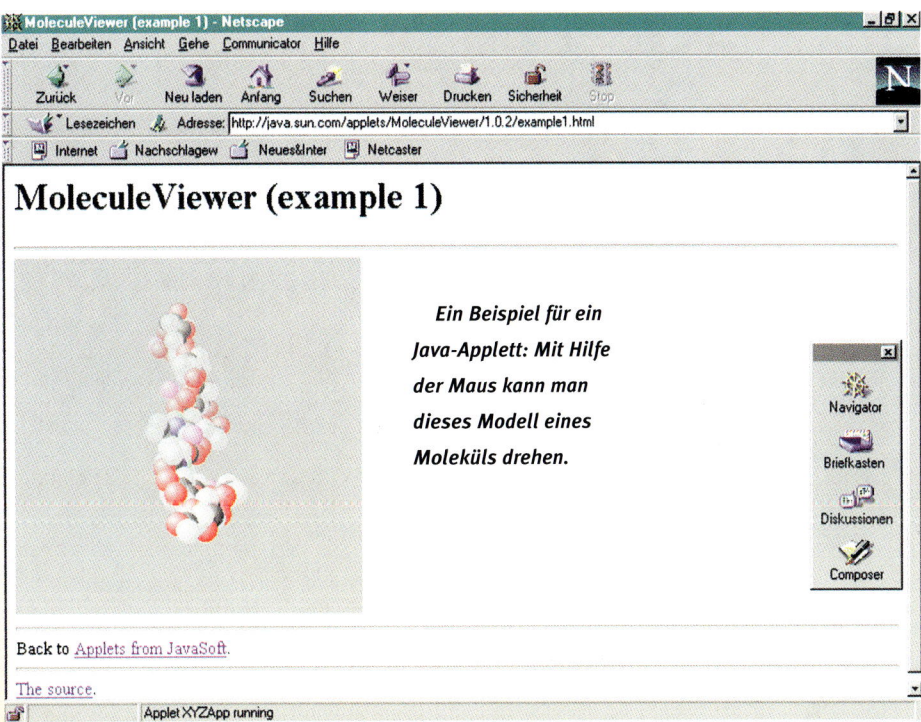

MoleculeViewer (example 1)

Ein Beispiel für ein Java-Applett: Mit Hilfe der Maus kann man dieses Modell eines Moleküls drehen.

Back to Applets from JavaSoft.

The source.

Applet XYZApp running

Liegt die Zukunft des Internets in der Nutzung als ein Freizeitmedium für die ganze Familie? Es wird bereits darüber nachgedacht, den Fernseher mit Internet-Anschluss auszurüsten. „Gesurft" werden soll dann ganz einfach mit der Fernbedienung wie beim TV.

Internet übertragen werden, und sie sind nicht an ein bestimmtes Computersystem gebunden. Sie laufen auf allen Systemen, die mit einem javafähigen WWW-Browser oder einem **Java-Viewer** (Bildbetrachter) ausgestattet sind. Jeder neuere **WWW-Browser** kann Java-Programme ablaufen lassen.

Zur Zeit werden Java-Programme, die auch **Java-Applets** genannt werden, vor allem für Animationen auf WWW-Seiten genutzt. Beim Aufrufen einer WWW-Seite, auf der Java-Elemente eingebunden sind, werden die Java-Daten blitzschnell von einem Internet-Server auf den privaten Rechner übertragen. Diese Animation wird nur temporär (zeitweise) auf dem Rechner gespeichert. Beendet man die Online-Sitzung und schließt den WWW-Browser, so wird das Java-Applet zusammen mit den übrigen Daten dieser WWW-Seite wieder vom Rechner gelöscht.

In anderer Hinsicht bekommt die Programmiersprache Java eine immer größere Bedeutung. Computerprogramme werden immer umfangreicher und nehmen immer mehr Speicherplatz auf der Festplatte ein. Viele Funktionen dieser Software braucht man aber gar nicht oder nur zeitweise. Auch hierfür bietet die Programmiersprache Java eine Lösung an.

Anwenderprogramme sind normalerweise auf der Festplatte des eigenen Computers gespeichert. Das Internet bietet im Zusammenspiel mit der Programmiersprache Java die Möglichkeit, alle benötigte Software aus dem Netz herunterzuladen und nach der Nutzung wieder zu löschen. Das ist das Grundprinzip des **Netzwerk-Computers** oder **Internet-Rechners**.

Ein Beispiel: Nach wie vor werden Textverarbeitungsprogramme am häufigsten genutzt. Mit der **Java**-Programmiersprache geschriebene Schreib-Software enthält nur die wichtigsten Funktionen, um einen Brief oder ein Dokument schreiben zu können. Dieses Java-Programm wird

Wie funktioniert der Internet-PC?

auf einem Rechner im Internet abgelegt. Will man einen Brief schreiben, wählt man sich ins Internet ein und holt sich das **Java-Applet** zum Schreiben eines Briefes auf den eigenen Rechner. Da es nicht besonders groß ist, geht das sehr schnell.

Ein anderes Beispiel: Man möchte von einer Bank ein Angebot für die Finanzierung eines Hauskaufs bekommen. Diese Aufgabe erledigt normalerweise ein Spezialist bei der Bank oder ein Computerprogramm. Als Internet-Nutzer schickt mir die Bank ein **Java-Applet**, mit dessen Hilfe ich den Hauskauf mit allen Konditionen der Bank genau berechnen kann. Dieses Java-Programm wurde für die speziellen Bedürfnisse dieser Bank erstellt. Diese Funktionen könnte eine Software, die mir mein Bankberater gegeben hat und die ich auf meinem Rechner installiert habe, zwar auch erledigen. Doch das Java-Applet bietet neben der Einsparung von Platz auf der Festplatte einen weiteren Vorteil: Da die Bank ständig einen direkten Zugriff auf das Java-Programm in ihrem Internet-Rechner hat, kann sie ihre Finanzierungskonditionen, die sich manchmal täglich ändern, sofort in das Java-Applet einarbeiten. Der

Bankkunde aus dem Internet braucht also nicht wie sonst üblich ein **Software-Update** für sein Programm zu bestellen, sondern bekommt immer die aktuellste Version – übers Internet.

Wenn einmal alle nötigen Anwendungsprogramme aus dem Internet kommen, braucht man eigentlich gar keine Software auf dem eigenen Rechner mehr. Und die Festplatte müsste auch nicht so groß sein. Genau diese Idee steckt hinter dem Internet-Rechner oder Netzwerk-Computer.

Das ist ein preiswerter Computer, der keine Festplatte hat und sich alles, was er an Software braucht, aus dem Internet holt. Im Beispiel oben wird nach dem Schreiben des Briefs das Schreibpro-

Fast jedes Computerprogramm wird ständig weiterentwickelt. Damit der Anwender nicht immer das gesamte Programm austauschen muss, wenn eine neue Version auf den Markt kommt, gibt es „Updates" (update = auf den neuesten Stand bringen). Das sind kleinere Programme, die ältere Software-Versionen überschreiben oder ergänzen.

gramm wieder vom heimischen Rechner gelöscht. Die Datei mit dem Inhalt des Briefes wird, da man keine Festplatte mehr hat, auf dem zentralen Rechner im Internet abgelegt. Auf diesen privaten Teil eines Internet-Servers kann man von zu Hause aus bequem zugreifen – mit einem Java-Programm natürlich.

Internet-Rechner gibt es bereits. Sie sind zwar noch nicht sehr verbreitet, doch die Hersteller hoffen, Unternehmen für diese Computer gewinnen

zu können. Gerade in Betrieben, wo viel Geld für neue Software und moderne Hardware ausgegeben wird, könnten mit Hilfe von Internet-Rechnern Kosten gesenkt werden. Da nämlich diese Computer keine Software mehr speichern müssen, können sie sehr einfach gebaut sein und die Wartung würde fast vollständig entfallen. Muss die Software erneuert werden, würde das an einem zentralen Rechner, auf den alle Mitarbeiter der Firma zugreifen, geschehen, und nicht an jedem einzelnen Rechner am Arbeitsplatz.

DETEKTIVSPIEL IM INTERNET

Das Internet ist mehr als ein riesiges Informations- und Kommunikationsmedium. Es bietet auch Fun und Action. Zum Beispiel kann man gemeinsam mit anderen übers Internet spielen. Ein solches Internet-Spiel ist „Meisterdetektive jagen Lork" (Cornelsen Software). Auf der Jagd nach dem Wörterfresser Lork müssen Detektivteams Aufgaben lösen. Und so ganz nebenbei lernt man noch besser Lesen und Schreiben. Die Internet-Version von Lork basiert auf einem CD-ROM-Spiel, das man ganz normal auf dem Heim-Rechner spielen kann. Hat man einen Internet-Zugang, kann man mit Hilfe dieser CD-ROM auf die Internet-Seiten von Lork zugreifen. Dort sieht man, wer gerade online ist, oder man verabredet sich mit anderen Detektivteams zur Lork-Jagd. Jedes Team löst verschiedene Aufgaben, und beim Austausch der neuesten Informationen über den Aufenthaltsort des Außerirdischen kommt man dem Ziel, den Wörterfresser zu fangen, ein Stück näher.

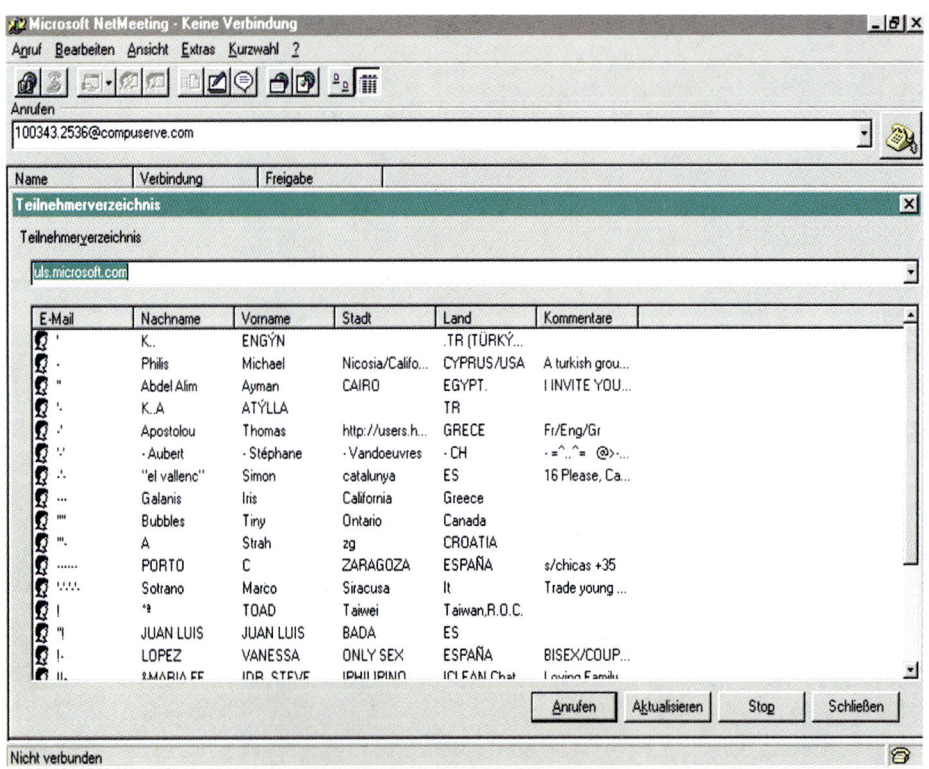

Teilnehmerverzeichnis eines
Internet-Telefonprogramms.
Nach Auswahl eines Gesprächs-
teilnehmers und Anklicken des
Telefon-Buttons bekommt der
gewünschte Gesprächspartner
ein Signal und entscheidet, ob er
den Anruf annehmen will oder
nicht.

Wie telefoniert man übers Internet?

Dass man übers Internet auch telefonieren kann, hat uns Nick im ersten Kapitel beim Gespräch mit seiner Freundin Annika in den USA bereits gezeigt. Strenggenommen handelt es sich dabei nicht um ein „Telefongespräch", weil das wichtigste Hilfsmittel, das Telefon, bei diesen Gesprächen fehlt. Die Aufgaben des Telefons übernimmt der Computer. Allerdings ist eine Gesprächsverbindung übers Internet nicht sehr deutlich und außerdem muss man sich zu einem Gespräch immer erst verabreden. Warum nimmt man dann nicht ein normales Telefon und unterhält sich? Ganz einfach, weil es viel billiger ist, übers Internet zu telefonieren. Der Grund: Bei einem Gespräch übers herkömmliche Telefon wird eine Fernverbindung zu dem Gesprächspartner aufgebaut und dieses Ferngespräch muss vom Anrufer bezahlt werden. Beim **Internet-Telefonat** dagegen

wählen sich beide Gesprächspartner in den Computer ihres zumeist in der Nähe beheimateten **Internet-Providers** ein. Und anstatt die Fernverbindung zu bezahlen, müssen in diesem Fall nur die Kosten für die Verbindung zum jeweiligen Provider getragen werden. Den Rest des Weges geht das Gespräch über die Internet-Leitungen – praktisch kostenlos.

Für ein Telefongespräch über das Internet braucht man einen Internet-Anschluss, einen Computer mit Mikrofon und Lautsprecher und ein Telefonprogramm. Etwas umständlich ist das Anwählen: Beide Partner müssen das gleiche Telefonprogramm benutzen und beide müssen zur gleichen Zeit online sein. Erst dann kann man den Gesprächspartner mit Hilfe des Programms anklingeln. Entweder gibt man die genaue **IP-Adresse** oder **E-Mail-Adresse** des Gesprächspartners ein, oder man sucht sich diesen aus einer Telefonliste heraus, die alle Teilnehmer enthält, die zu der Zeit gerade online sind. Klickt man auf den

AUDIODATEN
Audiodaten sind Daten, die man hören kann.

ANALOG UND DIGITAL
Analoge Signale sind kontinuierliche Signale, die so wie sie anfallen übertragen werden, also gewissermaßen in einer Reihe. Typische analoge Signal sind Hördaten (zum Beispiel ein Gespräch). Digitale Daten bestehen aus Ziffern. Computer können nur digitale Signale verarbeiten, deshalb müssen analoge Signale zur Weiterverarbeitung in einem Computer erst in analoge umgewandelt werden. Digitale Daten können auch wieder in analoge umgewandelt werden.

Button mit dem Telefonhörer, so „klingelt" es auf dem anderen Rechner. Der Partner nimmt das Telefongespräch an – ebenfalls mit einem Mausklick. Nun ist die Verbindung hergestellt, und man kann über das Mikrofon miteinander sprechen.

Die Übertragung von Audiodaten im Internet geschieht wie die Übertragung anderer Daten: in Paketen. Dazu müssen die gesprochene Sätzen, die **analogen Daten**, zunächst in **digitale Signale** umgewandelt werden und in TCP/IP-Pakete „verpackt" werden. Beim Empfänger werden die digitalen Datenpakete wieder zusammenge-

setzt, in analoge Audiodaten verwandelt und aus dem Lautsprecher hört man die Stimme des Gesprächspartners. Es kommt aber leicht zu Übertragungsstörungen, wenn man nicht laut und deutlich spricht.

Damit ein einigermaßen brauchbares Gespräch zustande kommt, müssten die Daten eigentlich viel schneller übertragen werden, als es die heutigen Internet-Leitungen zulassen. Man begegnet diesem Problem, indem man größere Datenmengen (zum Beispiel Audio- oder Video-Daten) mit Hilfe von Zusatzprogrammen **komprimiert** und erst dann auf die Reise schickt.

INFORMATIONEN FREI HAUS

Informationen aus dem **World Wide Web** werden normalerweise von den Nutzern „abgeholt". Man muss immer

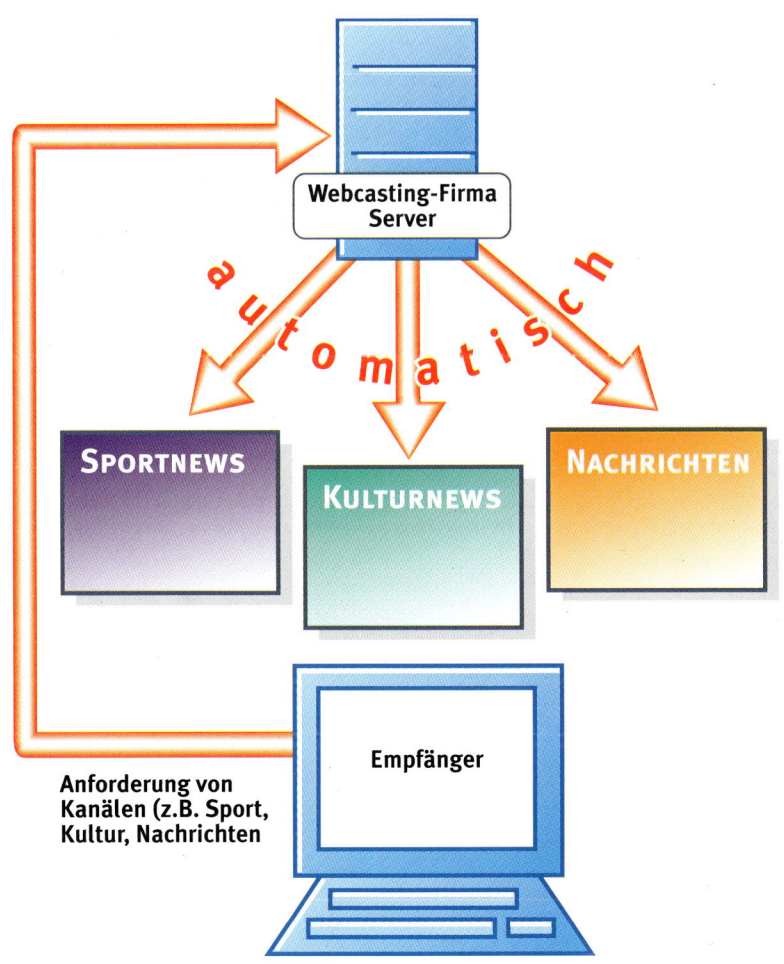

Webcasting-Firma Server

automatisch

SPORTNEWS

KULTURNEWS

NACHRICHTEN

Empfänger

Anforderung von Kanälen (z.B. Sport, Kultur, Nachrichten

wieder die entsprechenden **Web-Seiten** ansteuern, um zu sehen, was sich auf diesen Seiten tut und was es für Neuigkeiten gibt. Die neue Internet-Technologie **Webcasting** dagegen liefert dem Nutzer die gewünschten Informationen aktuell auf den heimischen Bildschirm, ohne dass der Nutzer jedesmal aktiv werden muss. Um diese neue Technik nutzen zu können, muss man sich nur die Software einer Webcasting-Firma auf den eigenen Computer laden und aus einem Menu die Gebiete (Kanäle) auswählen, die einen interessieren. Schon erscheinen in regelmäßigen Abständen aktuelle Meldungen aus diesen Gebieten auf dem heimischen Monitor. Interessiert man sich beispielsweise für Sport, so läuft in Arbeitspausen ein Sport-Ticker über den Bildschirm. Natürlich muss fürs Webcasting neben dem Computer auch das Modem angestellt sein, damit das Programm automatisch online gehen und sich selbst die News aus dem Internet holen kann. Ansonsten erfolgt die Aktualisierung, sobald man Rechner und Modem wieder anstellt.

Fachbegriffe

Arpanet: Der Vorläufer des Internets. Das Arpanet war zunächst ein reines Computernetzwerk für das Militär in den USA.

Benutzername: Jeder Computer-Nutzer, der online gehen will, braucht von der Firma, bei der er einen Internet-Zugang bestellt, einen Benutzernamen, damit er sich beim Einloggen ausweisen kann. Der Benutzername ist meist auch Bestandteil der E-Mail-Adresse, muss aber nicht unbedingt der richtige Name des Nutzers sein, sondern kann auch zum Beispiel eine Nummer sein (wie bei Compuserve).

Bookmarks: Sind eine Art „Lesezeichen" für Angebote im Internet, zu denen man immer wieder gehen will. In jedem Web-Browser gibt es eine Funktion, mit deren Hilfe man solche Bookmarks setzen kann. Der Vorteil ist, dass man sich nicht jede einzelne Internet-Adresse merken muss, sondern daß man den Bookmark-Eintrag einfach anklicken kann.

BTX: Ist der Vorläufer des heutigen Online-Dienstes der Deutschen Telekom, T-Online. Dieses Informationssystem wurde damals noch über das Fernsehen und ein Zusatzgerät genutzt (siehe auch Datex-J und T-Online).

Client/Server-Modell: Auf zahlreichen Servern (to serve heißt übersetzt dienen) im World Wide Web liegen Daten, die von Clients (übersetzt Kunden) direkt abgerufen werden können. Die Client-Software für das World Wide Web ist der Web-Browser.

Datenautobahn: Ist eine Umschreibung für das Internet und seine Funktion als Verkehrsweg für Daten und Informationen.

Datex-J: Nachdem die Deutsche Telekom ihr ursprüngliches BTX (siehe BTX) für den Computer aufbereitet hatte, nannte sie den ersten Computer-Online-Dienst Datex-J. Später wurde daraus T-Online.

Domains (Domänen): Der letzte Teil einer WWW-Adresse zeigt das „Gebiet" an, zu dem ein Internet-Rechner gehört. Eine Adresse mit der Endung .edu (für Education) kann beispielsweise zu einem Universitätsrechner gehören.

Download: Bedeutet übersetzt „herunterladen". Aus dem Internet kann man sich ganz leicht Dateien auf den eigenen Rechner herunterladen. Zum Beispiel wird die Browser-Software Internet Explorer kostenlos im Internet zum Herunterladen zur Verfügung gestellt.

Einwahlnummer: Ist die Telefonnummer, über die man sich mit einem Modem oder einer ISDN-Karte ins Netzwerk seines Internet-Providers einwählt.

E-Mail: Ist die elektronische Post im Internet.

Fachdatenbanken: Computer-Datenbanken sind Sammlungen von Daten, die meist zu einem bestimmten Thema zusammengestellt wurden und in denen man nach bestimmten Informationen suchen kann. Eine Fachdatenbank wäre zum Beispiel eine Datensammlung über eine bestimmte Fußballmannschaft.

Filterprogramme: Im Internet gibt es neben vielen sehr nützlichen Angeboten natürlich auch Inhalte, die für bestimmte Gruppen (zum Beispiel Kinder) nicht geeignet sind oder die sogar in einem bestimmten Land nicht verbreitet werden dürfen (zum Beispiel darf in Deutschland kein rechtsradikales Gedankengut verbreitet werden). Filterprogramme sind Software-Programme, mit deren Hilfe man solche Angebote sperren kann.

Firewall: Um Computer-Hacker daran zu hindern, in Rechner oder ganze Netzwerke einzudringen und dort Daten zu verändern oder zu klauen, baut man sogenannte Firewalls auf. Das sind Computer, durch die alle aus dem Internet kommenden Daten geleitet werden. Versucht ein Nutzer von außen in das Netzwerk zum Beispiel einer Firma einzudringen, so wird er von dem Firewall-Rechner abgefangen und erhält keine Zugriffserlaubnis.

Internet-Cafés: Sind Cafés, die ausgerüstet sind mit Computern mit Internet-Anschlüssen.

Intranet: Sind Netzwerke von Firmen (auch weltweit), die technisch auf den Standards des Internets basieren, also die gleiche Software benutzen und so ganz einfach Informationen zwischen dem Internet und dem Intranet ausgetauscht werden können.

Java-Viewer: Ist ein spezielles Programm, mit dem man Java-Programme nutzen kann.

Kommerzielle Online-Dienste: Sind geschlossene Netzwerke, die ein eigenes Angebot haben. Alle wichtigen kommerziellen Online-Dienste wie MSN, T-Online, AOL oder Compuserve bieten auch die Möglichkeit, das gesamte Angebot des Internets zu nutzen.

Kommunikationsprotokoll: Damit Rechner untereinander Daten und Informationen austauschen können, brauchen sie einheitliche Kommunikationsprotokolle. Ein solches Protokoll ist beispielsweise das Hypertext Transfer Protocol (HTTP).

Microsoft Network (MSN): Ist der kommerzielle Online-Dienst der Software-Firma Microsoft.

Multimedia bedeutet übersetzt „viele Medien". Ein Multimedia-Produkt besteht demnach aus vielen Medien: Texte, Klänge, Video und Animationen. Multimedia wurde 1995 zum Wort des Jahres in Deutschland gewählt. Mehr zum Thema „Multimedia" erfährst du in WAS IST WAS Band 100 „Multimedia und virtuelle Welten".

Online-Dienste: siehe kommerzielle Online-Dienste.

Passwort: Neben einem Benutzernamen (siehe Benutzernamen), der öffentlich ist, braucht man noch ein geheimes Passwort, mit dem man sich in das Netzwerk des Internet-Providers einwählt. Das Passwort sollte man nie weitergeben.

Router: Sind Verbindungscomputer im Internet, die Datenpakete an die richtige Adresse weiterleiten.

Standleitung: Internet-Provider brauchen eine ständige Verbindung zum Internet, eine Standleitung, damit man sich als Nutzer zu jeder Zeit einwählen kann.

T-Online: Ist der kommerzielle Online-Dienst der Deutschen Telekom und ist aus BTX (siehe BTX) und Datex-J (siehe Datex-J) hervorgegangen.

Transportprotokoll: Um Daten transportieren zu können, müssen die Computer, die ans Internet angeschlossen sind, einheitliche Programme benutzen. Ein einheitliches Internet-Transportprotokoll ist TCP/IP.

Übertragungszeiten: Die Zeit, in der Daten im Internet übertragen werden. Werden die Datenleitungen des Internets von vielen Nutzern gleichzeitig benutzt, dauert es länger, bis einzelne Daten ihren Weg gefunden haben. Sind wenig Nutzer online (zum Beispiel morgens), verkürzen sich die Übertragungszeiten.

URL (Uniform Resource Locator): Wird der eigentlichen WWW-Adresse vorangestellt und bezeichnet die Technik, mit der man auf einen Rechner im World Wide Web zugreift (z.B.: http://www.tessloff.com - http ist die URL). Wird häufig gleichgesetzt mit der gesamten Internet-Adresse.

Web-Browser: Die Software, mit der man das World Wide Web des Internets nutzen kann.

Web-Seiten: Angebote im World Wide Web bestehen aus vielen Seiten, die man aufrufen kann, sogenannte Web-Seiten oder Web-Sites.

Web-Server: Internet-Rechner, auf den WWW-Seiten lagern und die man abrufen kann, heißen Web-Server.

WWW-Adressen: Internet-Adressen, die mit http://www.... beginnen, nennt man WWW-Adressen.

Stichwortverzeichnis

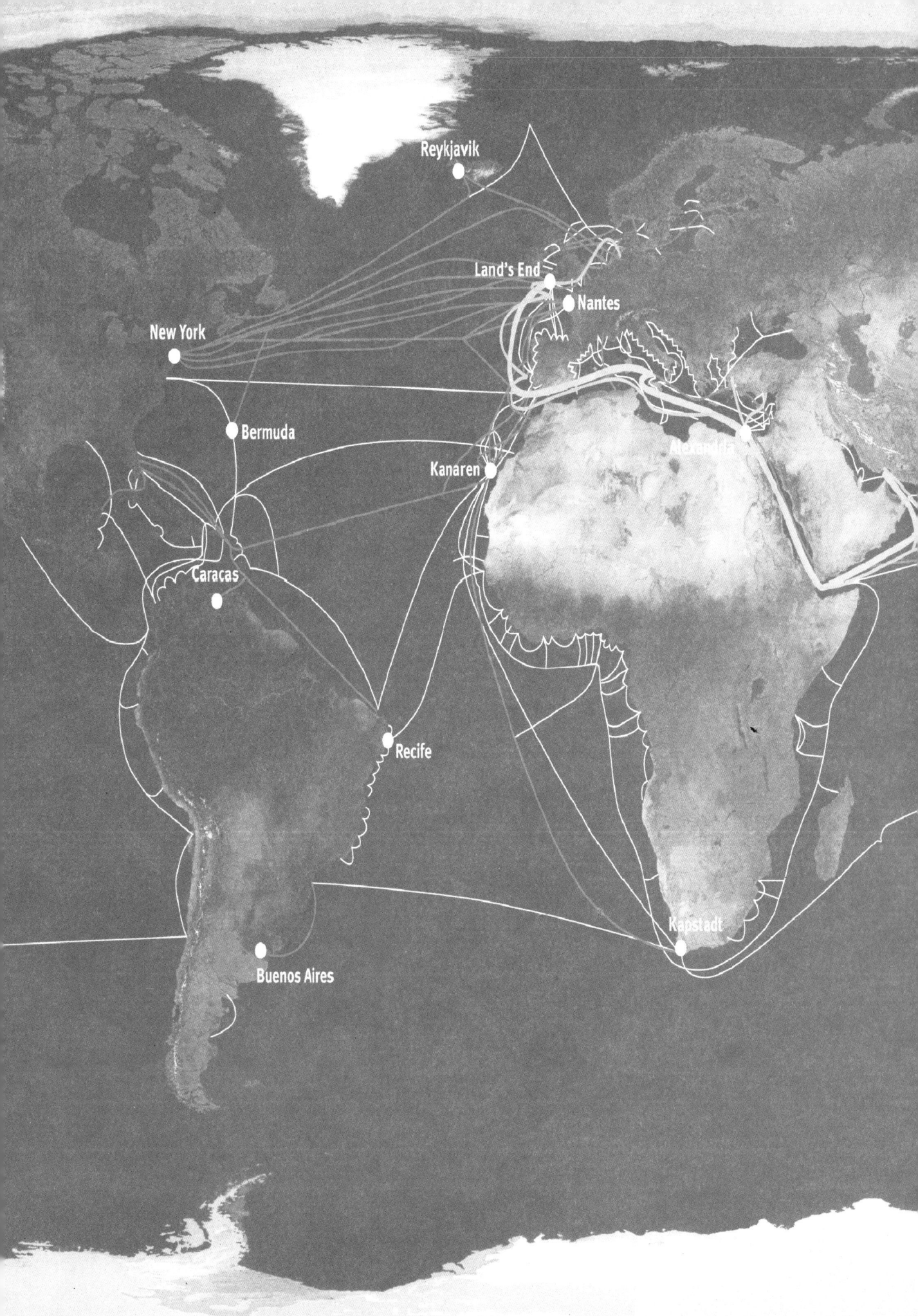